本书出版资助所属项目：辽宁省教育厅基本科研项目（面上项目）——满族冰嬉的文化再生产与传承场域的数字化创新发展研究（项目编号：JYTMS20231136）

满族冰嬉的发展与数字化创新

佟佳妮◎著

中国戏剧出版社
CHINA THEATRE PRESS

图书在版编目（CIP）数据

满族冰嬉的发展与数字化创新 / 佟佳妮著． -- 北京：中国戏剧出版社，2025.5. -- ISBN 978-7-104-05624-9

Ⅰ．G862.092

中国国家版本馆 CIP 数据核字第 20253NV148 号

满族冰嬉的发展与数字化创新

责任编辑：周忠建
责任印制：冯志强

出版发行：	中国戏剧出版社
出 版 人：	樊国宾
社　　址：	北京市西城区天宁寺前街 2 号国家音乐产业基地 L 座
邮　　编：	100055
网　　址：	www.theatrebook.cn
电　　话：	010-63385980（总编室）　　010-63381560（发行部）
传　　真：	010-63381560

读者服务：010-63381560
邮购地址：北京市西城区天宁寺前街 2 号国家音乐产业基地 L 座

印　　刷：	天津和萱印刷有限公司
开　　本：	787mm×1092mm　1/16
印　　张：	6
字　　数：	114 千字
版　　次：	2025 年 5 月　北京第 1 版第 1 次印刷
书　　号：	ISBN 978-7-104-05624-9
定　　价：	42.00 元

版权专有，违者必究；如有质量问题，请与出版社联系调换。

前　言

冰嬉亦称为"冰戏"或"冰技"，是指萌芽于我国古代北方民族的冬季生产活动实践，形成于明末清初的传统冰上运动形式，包含多种冰上运动项目。新宾满族冰嬉被正式列入抚顺市非物质文化遗产代表性项目。然而，随着现代化的快速发展，传统文化逐渐面临着被边缘化和遗忘的风险。因此，如何有效地保存和传承这些宝贵的文化遗产，将之以独特的方式融入当代文化体系中成了当下亟须解决的问题。

数字化在文化传承中的重要性和潜力不容小觑，它不仅极大地增强了文化资产的可访问性和普及性，还促进了跨学科研究和创新的展示方式。数字化技术的发展为文化遗产的保护和传承提供了全新的路径与可能性，通过数字化手段，我们能够更加有效地记录、保存和传播文化遗产，实现文化的永久性保存和全球化传播，使得文化传承成为一个动态、互动的过程。

本书以《满族冰嬉的发展与数字化创新》为题，共五章。第一章为满族冰嬉概述；第二章从满族冰嬉的历史发展与变迁着手，介绍了满族冰嬉在萌芽、发展、衰落、融合、繁荣这五个阶段的发展过程；第三章对满族冰嬉的非遗项目和工具使用进行了详细的介绍；第四章对满族冰嬉的数字化创新探索进行了介绍，具体包括满族冰嬉文化符号分析与提取、满族冰嬉文化符号的意义建构、满族冰嬉文化的数字化传播；第五章为满族冰嬉的游戏创新探索，从概念定义、原型开发、游戏测试、分析反馈、推广宣传五个方面展开论述。

《满族冰嬉的发展与数字化创新》汇聚了笔者对满族冰嬉多年的深入研究与探索，力求在理论与应用方面兼顾创新与实用，为广大学者和冰嬉爱好者提供丰富的资料与见解，并为未来的冰嬉文化保护、传承和创新开辟新的思路。由于笔者能力有限，书中难免有疏漏之处，还望广大读者和同行批评指正。

佟佳妮
2024 年 7 月于沈阳

目 录

前　言 ··· 1

第一章　满族冰嬉概述 ·· 001

第二章　满族冰嬉的历史发展与变迁 ··· 006
　　第一节　萌芽阶段 ··· 006
　　第二节　发展阶段 ··· 009
　　第三节　衰落阶段 ··· 017
　　第四节　融合阶段 ··· 019
　　第五节　繁荣阶段 ··· 021

第三章　满族冰嬉的非遗项目和工具使用 ··· 026
　　第一节　满族冰嬉的非遗项目 ··· 026
　　第二节　满族冰嬉的工具使用 ··· 035

第四章　满族冰嬉的数字化创新探索 ··· 047
　　第一节　满族冰嬉文化符号分析与提取 ·· 047
　　第二节　满族冰嬉文化符号的意义建构 ·· 051
　　第三节　满族冰嬉文化的数字化传播 ··· 055

第五章　满族冰嬉的游戏创新探索 ·· 061
　　第一节　概念定义 ··· 062

第二节　原型开发 ·· 067
第三节　游戏测试 ·· 078
第四节　分析反馈 ·· 081
第五节　推广宣传 ·· 082

参考文献 ·· 085

后　　记 ·· 089

第一章　满族冰嬉概述

一、满族概述

满族是中国历史上有重要影响力的少数民族之一，也是一个具有悠久历史和深厚文化底蕴的民族。尽管"满族"这一名称在17世纪初才形成，但满族祖先的历史可以追溯到中国古代东北地区的肃慎民族。在汉晋时期，肃慎被称为挹娄，南北朝时期被称为勿吉，隋唐时期被称为黑水靺鞨，在辽朝被称为女真。女真建立的金朝是满族祖先发展的重要阶段。明末，出身于建州女真的努尔哈赤成功统一了女真各部，建立了后金政权。清太宗皇太极将国号由"金"改为"大清"，并将族称"女真"改为"满洲"，后来称为"满族"。满族的形成和发展过程中，经历了多个阶段的演变和融合，最终形成了今天我们所知的满族。

满族凭借其独特的文化和精神特质，深深地影响了中国历史发展的进程。满族人民信奉萨满文化，这是一种与自然和谐共生的信仰，体现了他们对自然的敬畏和尊重。他们崇尚自然，尊重每一个生命，认为万物皆有灵，这种朴素的哲学观念深刻地影响了他们的生活方式和价值观。满族人民以勤劳、聪慧和勇敢著称，这些特质在他们的历史进程中得到了充分体现。在清朝时期，满族人民以其卓越的智慧与坚韧不拔的精神，促进了各民族的融合与发展，铸就了封建社会时期的文化与经济辉煌。

满族主要居住在辽宁、河北、吉林、黑龙江、内蒙古和北京等地，是我国少数民族中历史悠久的民族之一。东北地区是满族的主要聚居地，其中辽宁省的满族人口最多，独特的自然环境与社会环境构成了满族的特定生境。满族的生境是满族社会运作的产物，亦是其独特文化的重要组成部分。

位于中国辽宁省抚顺市（地级）东南部的新宾满族自治县，是中国第一批建立的满族自治县。截至2021年10月，全县境域总面积4285平方千米，常住人口30.1万人，其中满族人口占总人口的80%以上。自远古时期起，新宾地区已有居民活动痕迹，满族先民肃慎人在此繁衍生息，逐步形成了独具特色的文化和社会体系。明朝时期，新宾地区正式纳入中央政府管辖，先后隶属于辽东都司铁岭卫和建州卫。1616年，新宾历史迎来重要转折点，努尔哈赤在新宾赫图阿拉城登基称汗，建立了大金政权，史称后金。由此，赫图阿拉城成为后金第一都城，为建立清王朝奠定了基础。因此，这里不仅是满族崛起肇兴之地，也是清王朝的发祥地。至今，冰嬉、冰车、滑冰、打雪仗、做冰灯、轱辘冰等满族民俗和传统体育游戏，在新宾民间仍极为流行。因此，发展和创新满族冰嬉文化不仅有助于保护和传承中华优秀传统文化，增进民族文化认同和文化自信，还能推动当地经济的发展和社会进步，带动相关产业的繁荣。

二、冰嬉的定义与发展

在罗竹风主编的《汉语大词典》中，冰嬉被释为"清代冰上运动，源于满族习俗"。"嬉"字在古汉语中原意为无拘无束的游戏，常用来描绘一种充满欢乐与娱乐的场景，包含了游乐、戏耍取乐的意味，反映出古人对生活的热爱以及对快乐的追求。随着清朝的建立，尤其在康熙、乾隆时期，冰嬉的内涵逐渐丰富起来，成为一种具有特殊仪式感的宫廷表演活动。乾隆四十二年（1777年），因乾隆皇帝生母孝圣宪皇后去世，"嬉"字因其带有娱乐含义而改为"冰技"或"冰戏"。

冰嬉不仅是一项集娱乐性、竞技性、观赏性于一体的运动，还承担了展示清朝皇权和国家力量的政治功能。乾隆年间，冰嬉成为冬季宫廷活动的重要组成部分，展现了清朝帝王对冰嬉运动的重视，使其发展为一种代表国家尊严和民族文化的符号。到了清末民初，民间冰上娱乐和运动项目开始盛行，冰嬉的外延有所扩大，冰嬉逐渐成为中国北方冰上运动的统称。

按照不同的组织者和参与者来划分，冰嬉可被分为宫廷冰嬉和民间冰嬉两类。在清朝宫廷中，冰嬉被分为冰嬉盛典和冰嬉娱乐两种形式。冰嬉盛典具有强烈的仪式感，往往伴随着皇帝的阅视和嘉奖，是一种展示国家力量和皇权的象征；而冰嬉娱乐则主要供皇室和贵族日常娱乐，形式比较多样。随着清朝的衰落，宫廷冰嬉在道光年间逐渐衰落并最终取消。尽管光绪年间宫廷冰嬉一度短暂恢复，但随着西方现代冰上运动的传入，"冰嬉"一词逐渐被"溜冰""滑冰""冰上运动"等词汇取代，冰嬉的形式也逐渐转变为现代冰雪运动的一部分。

三、满族冰嬉的起源

冰嬉起源于满族，发源于中国东北地区，在满族入关（"关"指山海关）之后，冰嬉随着清朝的扩张，逐渐传播到北京和其他地区，最终在乾隆年间被认定为"国俗"。据《满文老档》记载，努尔哈赤曾在新宾的苏子河和太子河上多次组织冰嬉活动，并对获胜者进行奖赏。这些早期的冰上活动奠定了冰嬉的基础，成为满族宫廷和民间的重要娱乐形式。满族的冰嬉文化与其社会传统文化一同代代相传。满族的冰上活动无论在形式上还是技术上都表现出独特的地方特色，其中以东北地区最为代表。辽宁新宾的冰嬉活动历史悠久，形式丰富多样，包括支冰车子、闯爬犁、骑单腿驴子、滑脚灵子、滑靰鞡滑子、打冰尜、支冰排等多项活动。这些活动充分展示了满族祖先的聪明才智和丰富的想象力与创造力。他们善于发现并利用身边的日常用具，在东北漫长而寒冷的冬天，既创造出了适合本地区劳作的工具，解决了生产生活的难题，同时也实现了老百姓自娱自乐的目标，丰富了人们的娱乐生活。冰嬉活动由生产实践和作战技巧转化而来，充分体现了满族人民的体育精神，尽管有些冰嬉活动随着朝代的更替逐渐消失，但它们对中国及世界体育文化都产生了深远而持久的影响。

满族冰嬉的发展历程跨越了多个历史时期，从最初的生产生活实践活动演变成清朝的国俗，并在当代社会中焕发新生，成为满族非物质文化遗产的重要组成部分，其丰富的历史与文化价值不仅展现了满族冰嬉从传统习俗到国家文化象征的历史演变，也反映了其在现代社会中的文化复兴和价值传承。一些学者对此进行了深入探讨。例如，在徐旭等《冰嬉运动的历史追溯、文化特征与发展理路》（《辽宁体育科技》2003年第2期）一文中，作者基于不同时期的历史节点，将满族冰嬉的历史演进概括为肇始期、兴盛期和衰落期三个阶段；在朱伟秋、刘丽娜《满族传统冰嬉运动的历史演进与发展策略》（2021年中国体育非物质文化遗产国际会议，2021年12月）中，作者将满族冰嬉的历史演进分为产生阶段、发展阶段、衰落阶段和新时代阶段四个阶段。结合前人的研究，笔者认为满族冰嬉的发展历程可以进一步细化为五个阶段：萌芽、发展、衰落、融合和繁荣阶段。这一分期方法不仅能够更清晰地呈现满族冰嬉在不同历史时期中的转变，也反映了满族冰嬉在清朝后期与现代冰上运动的逐渐融合和发展。在本书的第二章中，笔者将对这五个阶段进行详细探讨，以进一步阐明满族冰嬉的发展演变过程及其在当代的文化意义。

四、满族冰嬉的当代传承与创新

非物质文化遗产是中华优秀传统文化的重要组成部分，是中华文明绵延传承的生动见证，是连结民族情感、维系国家统一的重要基础。[①] 根据联合国教科文组织《保护非物质文化遗产公约》中对非物质文化遗产的定义，非物质文化遗产是指被各社区、群体，有时是个人，视为其文化遗产组成部分的各种社会实践、观念表述、表现形式、知识、技能以及相关的工具、实物、手工艺品和文化场所。其所涵盖的内容包括：口头传统和表现形式，包括作为非物质文化遗产媒介的语言；表演艺术；社会实践、礼仪、节庆活动；有关自然界和宇宙的知识和实践；传统手工艺。《非物质文化遗产法》重新界定了非物质文化遗产的定义并从法律层面对其进行了系统规范，进一步强化了我国非物质文化遗产保护与传承的重要性。在我国，非物质文化遗产是指各族人民世代相传并视为其文化遗产组成部分的各种传统文化表现形式，以及与传统文化表现形式相关的实物和场所。具体涵盖六个方面的内容：①传统口头文学以及作为其载体的语言；②传统美术、书法、音乐、舞蹈、戏剧、曲艺和杂技；③传统技艺、医药和历法；④传统礼仪、节庆等民俗；⑤传统体育和游艺；⑥其他非物质文化遗产。

满族冰嬉作为中国非物质文化遗产中传统体育、游艺与杂技类别的典型代表，不仅具备鲜明的民族性与地域性，还承载了深厚的文化意蕴与历史传承。正如学者国梁所言，满族冰嬉不仅是满族体育的瑰宝，更是满族先民智慧的结晶，代表了满族传统文化在体育领域的集中体现。[②] 作为最具民族特色、最能反映少数民族个性与群体气质的文化之一，满族冰嬉具有显著的民族性、地域性、娱乐性、健身性和传承性。满族冰嬉不仅源自体育运动，更超越了单纯的体育范畴，具有广泛的政治、军事和文化等社会功能，并且，通过振奋民族精神、唤醒民族意识、维系民族情感、增强民族凝聚力，展现了鲜明的时代内涵。满族冰嬉所蕴含的丰富文化元素代代传承、经久不衰，推动了区域体育文化的发展，值得我们进一步深入挖掘。

从历史的视角来看，满族冰嬉在不同的历史阶段具有不同的社会功能，展示了其内涵的不断丰富和转变。作为一项满族传统的冰雪运动，满族冰嬉不仅代表了满族的民族身份认同，还通过世代传承的形式推动了民族文化的繁荣。张宝

---

① 中共中央办公厅 国务院办公厅印发：《关于进一步加强非物质文化遗产保护工作的意见》（https://www.gov.cn）。

② 国梁：《满族传统满族冰嬉引入高等学校体育教学探索——以黑龙江大学为例》，《黑龙江科学》2019年第21期，第160—161页。

强与陈彦在其文章《清代冰上运动文化研究》中指出满族冰嬉作为中国古代冰雪运动文化的代表，表现形式丰富且具有强烈的民族特色，是珍贵的非物质文化遗产。[1] 历史上，满族冰嬉在维系民族情感、振奋民族精神和增强民族凝聚力方面发挥了积极作用。

随着国家大力加强非物质文化遗产保护和推动冰雪文化产业振兴，重新审视满族冰嬉运动并挖掘其时代价值，不仅具有重要的现实意义，还能够进一步丰富我国冰雪运动文化的内涵。在后冬奥时代，随着我国巩固和扩大"带动三亿人参与冰雪运动"成果，冰雪运动正迈向高质量发展的新阶段。满族冰嬉在此背景下获得了新的发展机遇。在辽宁省抚顺市新宾满族自治县等满族聚居地，满族冰嬉活动依然十分流行，且保留了支冰车子、闯爬犁、打冰尜等独具特色的传统冰雪活动。满族冰嬉不仅为当地提供了丰富的文化资源，也为冰雪旅游和冰雪文化产业的发展提供了重要动力。新宾满族自治县凭借其得天独厚的自然资源和满族文化积淀，正在努力将满族冰嬉与现代旅游业相结合，打造以满族民俗特色为主题的冰雪文化旅游产业。满族冰嬉作为抚顺市非物质文化遗产，不仅承载着丰富的历史与文化价值，还在当代发挥着重要的社会和经济功能。然而，满族冰嬉在现代社会的复兴与传承中也面临着一些挑战：如何在现代商业化和经济全球化背景下，保持其原有的文化内核与传统精神；如何在创新过程中避免过度商业化对文化纯粹性的侵蚀；等等。这些都是我们在推动非物质文化遗产创造性转化和创新性发展过程中需要深思的问题。正如满族冰嬉所展示的，传统文化的价值不仅在于其历史的延续，更在于其能否通过不断创新和变革，重新获得当代社会的认同与支持。因此，满族冰嬉的当代发展必须在保护与创新之间找到平衡，并且通过现代化的手段重新诠释传统文化的价值，推动其在全球文化语境中的自我更新与发展。

---

[1] 张宝强、陈彦:《清代冰上运动文化研究》，《武汉体育学院学报》2014年第12期，第28—32页。

第二章　满族冰嬉的历史发展与变迁

2023年6月2日，习近平总书记在文化传承发展座谈会上指出："中国文化源远流长，中华文明博大精深。只有全面深入了解中华文明的历史，才能更有效地推动中华优秀传统文化创造性转化、创新性发展，更有力地推进中国特色社会主义文化建设，建设中华民族现代文明。"[①] 满族冰嬉的历史发展也经历了一个不断变化和适应的过程，从早期的生产生活实践、军事训练到现代的体育和娱乐活动，它在不同的时代背景下持续演变与丰富，体现出满族人民对冰雪文化的传承与创新。在现代社会的背景下，满族冰嬉继续焕发光彩，为我们传承和发扬中华优秀传统文化提供了宝贵的范例。

第一节　萌芽阶段

满族冰嬉萌芽于中国古代北方民族的冬季生产活动实践，源于满族习俗。因此，研究满族先民冰上活动的历史，可以帮助我们了解满族冰嬉早期的历史演进和发展过程。本节主要探讨了1625年以前中国古代满族人民在冰上活动的历史轨迹，概括成为满族冰嬉历史发展的萌芽阶段。

满族有着三千多年的文化历史，其祖先最早可追溯到先秦时期的肃慎人，是我国东北地区最早有文献记载的古老民族。肃慎、挹娄、勿吉、靺鞨、女真曾是满族在商周、汉晋、南北朝、隋唐、五代等不同历史时期的称谓。满族先民世代居住在长白山以北，东濒大海以及黑龙江和乌苏里江流域的广大地区。那里气候寒冷、冰天雪地，一年中冰期长达五个月，优越的冰雪自然环境为满族人民的冰上活动创造了适宜的条件。生活在这里的人们由于生产和生活的需要，长期以狩猎为生，因此练就了"工于鞍马，精于骑射"的民族特技。早在隋唐时期，史籍《新唐书·列传·卷一百四十二》就记载了拔野古部落"俗嗜猎射，少耕获，乘木逐

---

① 习近平：《在文化传承发展座谈会上的讲话》，《求是》2023年第17期，第4—11页。

鹿冰上"①的冰上活动历史，这里的"乘木逐鹿冰上"展现了古代北方民族独特的生活方式和文化传统，同时也反映了他们在严寒的冰雪环境中，能够发明和利用简单工具（木板）进行冰上狩猎的智慧和勇气。

古代北方民族发明冰上器具后，便开始在冰面上开拓创新。"滑冰竹马"是史料记载的较早的滑冰方式之一，源于靺鞨（满族先祖）的日常生活实践。其方法是人站在竹片做成的"竹马"上，手握一根棍棒，通过用力撑棍棒来进行滑行，以此提高在冰上行走的速度。到了宋代，满族人的冰上活动从之前多出于狩猎目的，逐渐向交通运输、民间游戏等方面发展。其中以人力牵拉且具有交通运输性质的冰床最为代表。据《梦溪笔谈》记载："冬月作小坐床，冰上拽之，谓之凌床。"②意思是在冬天，人们会制作一种小型的坐床，然后在冰面上拖拽它，这种坐床被称作"凌床"。这里的"凌"指的是冰，因此凌床又被称为"冰床"或者"拖床"。随着时间的推移，凌床的形式和名称都有所变化，如后来的冰排子、冰爬犁等，但基本功能均与凌床相似。据宋代《江邻几杂志》记载，河北雄州（今雄县）、霸州一带，曾运用凌床在冬季运输芦苇。人们将割下的芦苇堆放在凌床上，然后在冰面上拖拽，这比在陆地上运输更为省力。后来，凌床逐渐成为北方冬季人们的代步工具。

进入元代，由人力牵拉的冰床逐渐扩展为役使动物牵拉的狗车，《元一统志》清晰地记载了满族前身女真人使用木马、狗车的细节，文中描述如下：

开元路有狗车、木马，轻捷利便。木马形如弹弓，长四尺，阔五寸，一左一右，系于两足，激而行之雪中、冰上，可及奔马。狗车以木为之，其制轻简，形如船，长一丈，阔二尺许，以数狗拽之，二者止可于冰上、雪中行之。③

开元路相当于现在的东北地区的地理范围，是元代女真人的活动范围，也是我们探寻满族冰嬉起源的重要区域。这里的"木马"形象被形容为弹弓，长四尺（1 尺 ≈ 0.33 米），宽五寸（1 寸 ≈ 0.03 米），将它左右各一个系在脚上，通过某种机制激发后，便可以在雪中和冰上迅速滑行，速度甚至可以与奔跑的马匹相媲美。而"狗车"则是一种用木头制成的交通工具，其设计简单轻便，形状类似于船，长一丈（1 丈 ≈ 3.33 米），宽二尺多。这种车需要几只狗拉着行驶，特别适用于在冰面和雪地上行驶。木马、狗车都是为了适应极寒地区冰雪条件而设计的，

---

① 欧阳修、宋祁：《新唐书·14》，吉林人民出版社 2006 年版，第 4436 页。
② 古敏主编：《中国古典文学荟萃》，北京燕山出版社 2009 年版，第 117 页。
③ 辽宁省人民政府地方志办公室整理：《辽宁旧方志·奉天通志》辽宁民族出版社 2010 年版，第 2444 页。

它们反映了古代满族先民在寒冷地区的生活方式和聪明才智。木马和狗车不仅提高了人们在冰雪条件下的移动速率,还展示了人们对机械力量和动物的巧妙利用,更是为日后的冰嬉运动提供了必要的工具和条件。

进入明朝时期,女真逐渐出现分化,形成建州女真、海西女真和野人女真三大部,各部向不同的区域迁徙。1438 年,建州女真迁至赫图阿拉城,现位于辽宁省抚顺市新宾满族自治县,是清太祖爱新觉罗·努尔哈赤后期统一女真各部的大本营。赫图阿拉城周围的自然地理环境十分有利于冰雪运动的开展,它处于辽东中部山区,长白山西麓山脉南缘。环绕赫图阿拉城西、北两侧的河道成为开展冰上运动的绝佳场地。赫图阿拉城虽然是一座山城,但却是四通八达的交通要塞,为满族冰雪文化的传播提供了可靠的路径。

明朝时期,满族冰嬉运动被民间赋予了宗教信仰等精神文化内涵。基于祛病延年的需要,每逢冬季下雪后,满族妇女便自发地穿上中间带鞋跟的"寸子鞋"(旗鞋)在雪地上行走。据《奉天通志·礼俗二》记载:"十六日,妇女于日暮结伴至空地,步行一周,或至邻家小坐而回,名曰'走百病'。"有的地方妇女"走百病"是在冰上打滚,俗称"轱辘冰"。边滚边念诵:"轱辘轱辘冰,不腰痛、不腿痛,轱辘轱辘冰,身上轻一轻。"此外,满族冰嬉还对满族的军事产生了重要影响。据文献记载,努尔哈赤在统一女真各部的战争中,建立了一支擅长滑冰的部队,由部将费古烈率领。1616—1626 年,满族首领努尔哈赤的部队曾被巴尔虎特部围困在墨尔根城(今黑龙江省嫩江市),危急之际,努尔哈赤命令部将费古烈前来驰援,命令士兵全部换上靰鞡滑子(靰鞡又写作乌拉或兀剌,源于旧时满语词汇,意即内部垫有靰鞡草的鞋。今泛指东北人冬天穿的鞋子。靰鞡滑子是指在靰鞡鞋底缚以铁条,用手持杖在冰上滑行的简易冰鞋)在冰面上快速滑行,同时用爬犁(改良了原先的冰床,在木板下面多安装了铁条)装满火炮拉着,这样一天之内就能够行走七百里(1 里 =500 米),大大提升了军队的行军速度。正是在努尔哈赤的指挥下,士兵巧妙使用滑行工具,提高行军速度,才取得了战争的胜利。脱离险境的努尔哈赤对冰嬉运动倍加器重,于是将它作为军事技能的重要组成部分。

到了 1625 年正月初二(农历一年的第二天),东北建州女真族首领努尔哈赤在太子河举办了盛大的冰上运动会,这一举动为冰嬉在乾隆时期成为"国俗"奠定了基础。冰上运动会的项目有冰球、速滑、花样溜冰、冰上射箭以及冰上武术等,奖励办法为冠军赏银 20 两,亚军赏银 10 两。其中有一种"双飞舞"极为好看，两人在冰上舞蹈，表演出各种姿势，舞姿优美而轻盈。冰上武术也花样繁多，有叠罗汉、耍刀等。参加冰上运动会的不仅有训练有素的士兵和随从侍卫，还有贝勒的夫人和众官兵的妻小，这是中国历史上第一次由满族统治阶级组织的冰上娱乐活动，至此，满族冰嬉跨越了起始的萌芽阶段，拉开了走向兴盛发展的序幕。

冰嬉在远古时期，作为满族人民适应寒冷气候和严酷环境的一种生存策略和文化创造，已经在冰雪生境中扎根。满族冰嬉不仅仅是一项简单的体育运动，更是一种独特的文化现象，它体现了满族先民对冰雪自然环境的深刻理解和精妙适应。随着时间的推移，这种从生活需要到娱乐活动的转变，也标志着它在社会阶层中的位置和功能的转变，从原本运用于满族人民日常生产活动的打猎、运输、行走，甚至战争的工具慢慢转向了宫廷和贵族阶层的重要娱乐活动。

第二节 发展阶段

随着明末清初的政治更迭，擅长冰上活动的满族贵族成了清朝的统治阶级，从而将中国古代的满族冰嬉推向了历史巅峰。1650年，沙俄东扩的野心日益显露，他们占领了雅克萨并修建堡垒，试图非法占领外兴安岭和黑龙江流域。这一时期，清政府与沙俄之间爆发了两次雅克萨之战，最终清军成功击退侵略者，收复失地。尽管两次战役主要是攻城战，冰上部队未能发挥关键作用，但"法喇"（由多狗拉拽的爬犁）却在交通运输和物资补给方面发挥了至关重要的作用，帮助清军赢得了胜利。经过"突破墨尔根之围""收复雅克萨之战"后，满族冰嬉的军事作战作用进一步凸显，皇帝愈发重视冰嬉的军事作战作用和八旗部队的冰上作战能力。满族文化研究者徐静老师曾在采访中说道：

八旗源于满族氏族部落组织，出生白山黑水，天性惧热耐寒，勇猛善战。清朝定都北京后，满族八旗担当保卫国家的职责，常年被派往各地作战。八旗包括正黄旗、正白旗、正红旗、正蓝旗、镶黄旗、镶白旗、镶红旗和镶蓝旗，每一种颜色代表着独特的象征意义，正黄旗被视为禁旅，负责保卫皇帝和皇宫的安全。镶黄旗则象征飞鹰，代表皇帝的狩猎和游牧生活。正红旗代表正统，是清朝统治的根基。镶红旗则象征火焰，代表皇帝的威严和力量。正蓝旗代表勇士，是清朝军队的主力。镶蓝旗象征海，代表版图扩张的可能。正白旗象征振纪，负责维护社会秩序。而镶白旗则象征清纪，负责管理财政。八旗是中国历史上一个重要的组织形式，它不仅是满族人民的重要历史遗产，也是中华文化的重要组成部分。它在政治、经济和军事方面发挥了巨大作用，并对中国历史产生了深远影响。

清朝满族八旗部队的分类及其职责、服饰、旗帜详情可见表2-1。

表2-1 清朝满族八旗部队的分类及其职责、服饰、旗帜

名称	象征	职责	服饰	旗帜
正黄旗	禁旅	负责保卫皇帝和皇宫的安全	（全身纯黄色）	（纯黄色）
正白旗	振纪	负责维护社会秩序	（全身纯白色）	（纯白色）
正红旗	正统	清朝统治的根基	（全身纯红色）	（纯红色）
正蓝旗	勇士	清朝军队的主力	（全身纯蓝色）	（纯蓝色）

续表

名称	象征	职责	服饰	旗帜
镶黄旗	飞鹰	代表皇帝的狩猎和游牧生活	（黄地白边）	（黄地白边）
镶白旗	清纪	负责管理财政	（白地红边）	（白地红边）
镶红旗	火焰	代表皇帝的威严和力量	（红地白边）	（红地白边）
镶蓝旗	海	代表版图扩张的可能	（蓝地红边）	（蓝地红边）

1644年，清军入关，驰入中原，定都北京，皇室将冰嬉运动带入关内，逢每年冬至到三九隆冬时节，冰层冻实的时候，清朝的皇帝便要在北京太液池上举办盛大的冰嬉盛典，用以校阅八旗士兵的滑冰技术。同时，还将满族的传统冰上活动与流传上千年的宫廷百戏相融合，发明创造了多种表演形式（见表2-2），后合

为冰嬉盛典并纳入清代典志体史书中,从此,满族冰嬉运动成为清朝礼乐制度中重要的庆典活动。

表 2-2　清代宫廷冰嬉表演形式

类型	具体内容
冰上竞技	抢等、抢球、转龙射球
冰上杂技	冰上爬竿、盘杠(托着木杆滑行)、倒立、叠罗汉、缘竿、盘杠、飞叉、耍刀、使棒、弄幡、冰上倒立、掌上立人等
花样滑冰	燕子戏水、王祥卧鱼、凤凰展翅、斗转星移、五关斩将、左顺风旗、右顺风旗、卧睡春、童子拜佛、夜叉探海、鹞子翻身、金鸡独立、仙猴献桃、左掀右翻、流星赶月、青龙回头、白虎摆尾、太公钓鱼、买臣担柴、洞宾背剑、果老骑驴、金朝天镫等

冰嬉运动在顺治和康熙年间得到发展和延续,在乾隆十年(1745 年)达到了巅峰时期。乾隆皇帝御制 1300 余字的《冰嬉赋》,其序称冰嬉是"国俗",认为"冰嬉为国制所重",其诗注称"国俗常有冰嬉之典"。此时,上到清廷军事展演下到民间冰雪娱乐的冰嬉被誉为"国俗"活动,每年举办一次,在乾隆皇帝执政期间从未间断。与此同时,清朝宫廷还专门设立了"冰鞋处",每年冬季,冰鞋处便从八旗兵中挑选精通冰上技术的人员,按照冰嬉盛典所需要表演的节目,编属入伍,每旗挑选 200 人,八个旗总共 1600 人,组成"技勇冰鞋营",隶属冰鞋处领导。这支队伍采用军事化的训练方法,按照队形、编伍、步法等对八旗将士进行集中训练,并接受皇帝的定期检阅。

晚清诗人吴士鉴在《清宫词·冰嬉诗》自注中曾详细记载了乾隆年间的一次冰嬉盛况,根据他的描述:每年十二月,八旗兵的冰嬉训练和检阅地点在西苑的三海,即北海、中海和南海,为了锻炼士兵的武艺同时赏析壮观的冰上运动场面。御前侍卫带领八旗兵队手持弓箭,在冰上奔驰,动作迅捷如飞,按照彩旗标记的路线进行演练。举行冰嬉盛典的时候,皇帝乘冰床驾临阅视,对滑冰技艺出众者亲自给予奖励,对身怀绝技的人亲自赐号。其中,凭借自己的智慧与刻苦练习,创造了高难度动作"燕子三点水"的苗族青年喜桂就被乾隆皇帝赐封为"冰上燕儿",这在当时是无上的殊荣。因为冰嬉举办地点在皇城内部,所以宫廷冰嬉只为皇帝、大臣、嫔妃等宫内人士所专属,不允许民间百姓观赏。

现藏于故宫博物院的《紫光阁赐宴图》(见图 2-1)、《冰嬉图》(见图 2-2、图 2-3),以及台北故宫博物院的《御制冰嬉赋图》均生动地再现了古代冰嬉盛典的活动场景。从清乾隆年间宫廷画师张为邦和姚文翰共同绘制的《冰嬉图》中可以看出,当时冰嬉活动内容丰富,冰嬉表演者技艺高超。此次冰嬉盛典的地点是在金鳌玉𬭁桥(今北海大桥)之南的水面,皇帝率王公大臣等前往观看,皇帝御座冰辇居于中。参与冰嬉盛典的表演者是每年从官兵中挑选出的"善走冰"的八旗勇士,他们身着满族传统服饰,脚下穿着带冰刀的冰鞋;其中的旗手和弓箭手依次相隔,旗手按照镶黄、正黄、正红、镶红、正白、镶白、正蓝、镶蓝的顺序背着旗子,弓箭手则身背弓箭,行至天球处拉弓射箭。冰嬉表演的方式花样繁多,表演难度之大、技艺水平之高,令人赞叹。每个表演者都要做多种动作,如"金鸡独立""凤凰展翅""燕子戏水""金朝天镫"等,弓箭手还要在行近旌门时表演射箭,射中天球者还能得到皇帝的奖赏,因此整个表演兼具娱乐性和军事训练性。

图 2-1 《紫光阁赐宴图》局部,姚文翰绘(清),现藏于故宫博物院

图 2-2 《冰嬉图》局部,金昆、程志道、福隆安等人绘(清),现藏于故宫博物院

图 2-3 《冰嬉图》局部，张为邦、姚文瀚合绘（清），现藏于故宫博物院

清朝的冰嬉活动有许多有代表性的滑冰招式（见图 2-4），其中一些招式的命名方式因受动物启发而来，如大蝎子、金鸡独立、双飞燕、卧鱼等。这是因为满族先民原本是狩猎民族，通过模仿动物的动作可以再度体验狩猎时使用的力气，这表现了满族人民对模仿力量的崇信，也形成了满族冰嬉运动"模拟性"的文化特征。例如，双飞燕，原本是形容两只燕子在空中一起飞翔的优美景象，在清朝滑冰招式中指的是两位滑冰者模拟燕子飞翔的动作，如双人同步执行复杂的转圈和跳跃。又如，金鸡独立，即一只脚站立，另一只脚抬起，模仿鸡的站立方式，通常用于展示滑冰者的平衡性和稳定性。这些招式不仅是技术展示，还是对当时社会文化和审美标准的反映。这些精心设计的招式表明清朝的冰嬉活动不仅仅是一种体育活动，更是一种艺术和文化的象征。在进行滑冰活动时还有专门的木冰鞋（见图 2-5）。

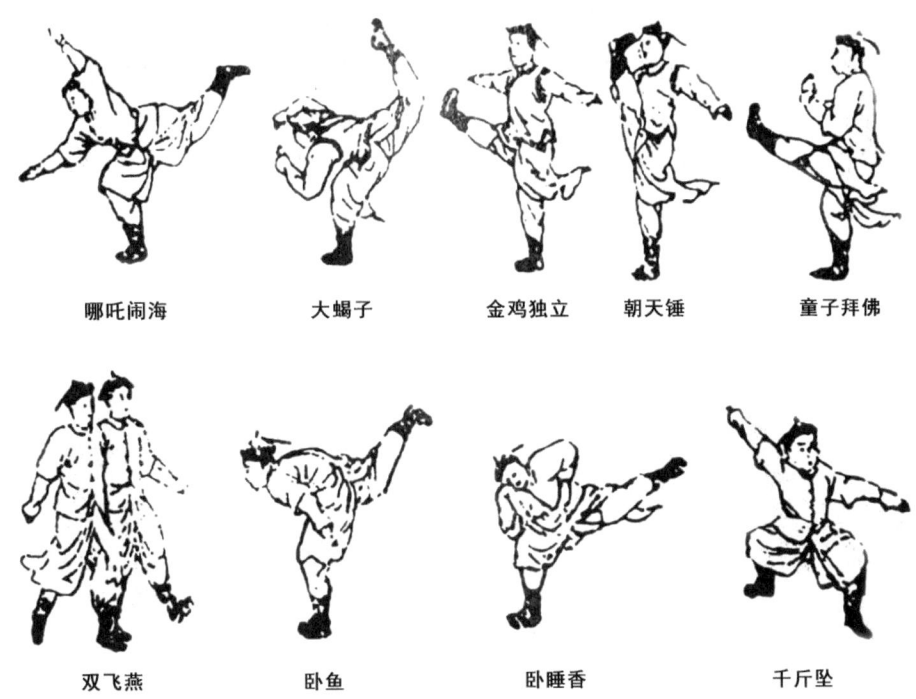

图 2-4 清朝冰嬉活动中具有代表性的滑冰招式

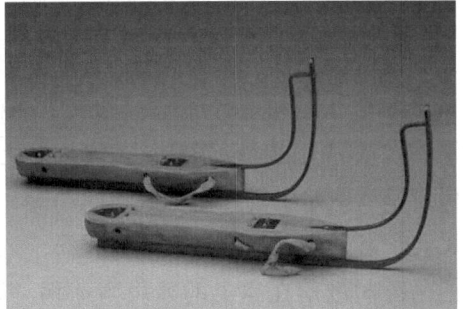

图 2-5 清朝木冰鞋，现收藏于故宫博物院

随着乾隆皇帝开创了冰嬉盛典，民间的冰嬉活动也逐渐流行起来，一些民间的节日庆祝项目，像舞龙、舞狮、跑军船等也都移到了冰上，并以滑行的方式进行。

首先，以冰床为代表的民间冰嬉运动得到了空前发展，这与皇帝南巡息息相关。由于康熙皇帝、乾隆皇帝陆续进行了12次南巡盛典，京杭大运河两岸出现了为数众多的以拉纤谋生的纤夫。每到京杭大运河封冻的严冬，纤夫为谋生计往往会利用自制的冰床在冰上拖拽客人游玩，以赚取生活费。与历代的冰床不同，清代冰床有其自身的特点，其在底部加装了铁条，这是借鉴了满族珲楚（一种冰车）的做法，可以有效减少阻力，比起明代的冰床，速度更快。除铁条之外，拉冰床的绳子也是用骆驼毛拧成的，拉拽部位的毛绒略长，可以防止手部冻伤。更有人将若干冰床联结起来，由两三个人牵引，在高速滑行中欢快高歌。在城外的护城河，还有人用这种冰床来运送顾客（见图2-6）。

图2-6 《日月合璧五星联珠图》局部，徐扬绘（清），现收藏于台北故宫博物院

其次，还有"踢形头"，它是清军入关后很盛行的一种冰上运动。满族人曾将其与滑冰运动结合起来，形成了一种"冰上足球"（也称作冰上蹴鞠、抢球、蹴鞠之戏等）的运动形式。清军入关之后，冰上蹴鞠作为满族传统活动，承载了保留满族原始风俗和训练武士的功能，最初在皇家军队中进行，后来逐渐流行至民间。宫廷内进行冰嬉表演的时候，老百姓则在什刹海的冰上踢冰核儿取乐，即把凿冰时散落在冰上的冰块当球踢，规则与踢石球一样：用脚踢球，以球击球得分。

最后，一种被称为"打滑挞"的民间冰上娱乐项目也十分流行。其具体是指在滴水成冰的时节，用水浇地，在地上堆出一个三四丈（1丈≈3.33米）高的冰堆，莹滑无比，然后让身手矫健的年轻人，穿上带毛的猪皮鞋，从上面挺身直立滑下，能顺利地滑下来且不摔倒者为胜。由此可见，这一阶段的满族冰嬉运动在宫廷和民间以多样的方式被广泛接受，经历了历史上最辉煌的发展时期，"冰嬉"一词也逐渐成为中国北方地区冰上运动的总称。

满族冰嬉作为一项起源于东北寒冷时节的活动，其发展受到了自然环境的强烈影响。满族人民利用其独特的地理优势和气候条件，发展出了丰富的冰上活动，这些冰上活动不仅是满族人民适应环境的生存策略，也成了满族文化的重要组成部分。当清军入关后，这种与特定环境紧密相关的文化实践被带入了更广阔的社会文化环境中，经过重新诠释和包装，成为清朝文化多样性和包容性的体现。在清朝，满族冰嬉被提升为国家级活动，成为一种重要的文化符号，这一文化符号不仅仅承载着娱乐和体育的意义，更成为民族认同和文化自信的象征。通过将满族冰嬉纳入官方礼仪庆典，皇帝可以利用这一文化符号来加强政治信息的传递、增强民众对清朝统治的认同感，以及展现清朝对内融合多元文化、对外展示国家力量的能力。满族冰嬉的传播不仅限于其在冰上的表演，还可以通过各种媒介如绘画、文学和历史记录来广泛传播。清朝通过官方的文化活动和礼仪庆典，将满族冰嬉作为一种文化实践系统地介绍给国内外观众，使其成为中国文化的一个突出展示。这种官方的推动使满族冰嬉跨越了原有的民族和地域界线，成为全国乃至国际上都认可的中国文化符号。满族冰嬉在此阶段的发展历程展示了一个文化活动如何被赋予新的社会政治意义，并通过文化生态的适应、符号的互动和有意识的文化传播，转化为强有力的国家文化象征。这一过程加强了满族冰嬉在民族文化中的地位。

第三节　衰落阶段

在道光年间，大清王朝从传统的狩猎经济过渡到农耕经济，标志着清朝社会政治结构的变迁。随着统治阶级越发腐败奢靡，曾备受推崇的满族冰嬉活动开始失去其军事功能。与此同时，西方滑冰运动被引入中国，满族冰嬉开始走向衰落。政府因优先处理其他事项，逐步减少了对满族冰嬉活动的资金投入。当时的历史记录显示了满族冰嬉活动的大幅缩减：最初，在乾隆时期，满族冰嬉是一项盛大的皇家活动，需要几天时间来观看，并涉及按等级奖赏；到了道光初期，只允许八旗中的三旗参与，节日活动缩减为一天，奖赏也减少到原来的四分之一。可见，满族冰嬉的宏大气势已大不如前。再后来，大清王朝面临内忧外患，满族冰嬉逐渐从人们视野中淡化和消失。

1796年，乾隆退位，嘉庆登基。随着乾隆皇帝的退位，冰嬉盛典也相继发生了变化。在1799年、1804年和1805年，冰嬉盛典接连出现了停办的情况，这是自冰嬉盛典创立以来极为罕见的现象。据《清朝野史大观·清宫遗闻》记载：

"旧制,八旗兵皆演冰鞋,分日阅看,按等行赏。道光初,惟命内务府三旗预备,后则三旗亦停止,仅给半赏之半而已。"换言之,冰嬉盛典在乾隆时期是一派兴盛的景象,而到了道光初期则是在停滞与挣扎中走向沉寂。自1840年鸦片战争爆发以来,闭关锁国的中国逐渐与工业革命之后的西方诸国拉开差距,随着鸦片大批内流、白银大量外流,清廷官场腐朽堕落,财政捉襟见肘,国力日渐孱弱,在道光十九年(1839年),正式停办冰嬉活动。然而,到了光绪年间,以慈禧太后为首的统治阶级又开始效仿冰嬉盛典,希望通过重启"冰鞋之戏"来达到构筑文化认同、凝聚民族精神、实现民族复兴的目的。但此时的冰嬉盛典与乾隆时期的冰嬉盛典相比,更像是在面对逐渐汉化与西方文化冲击等各种威胁下临时拼凑的庆典与被动的回应。

到了1870年,美国著名花式溜冰家海恩斯发明了现代溜冰鞋并迅速在欧美国家流行。1881年,上海报刊《月报》刊登了一篇图文并茂的文章,其中介绍了美国人"穿冰鞋溜行于冰上",从此带有舶来品标签的西式溜冰在中国大地上焕发出了勃勃生机。自清末以来,在西学东渐的社会背景下,西式溜冰的传入与盛行如同一颗石子投入大众生活的湖中,以其携带的西方现代化象征意义改变了人们对溜冰作为代步工具的认知,引导人们在溜冰中感受健美的身体。同一时期,英国《伦敦新闻画报》刊登了一幅题为《冰上的娱乐》的插画(见图2-7),画中人物所穿的冰鞋明显带有西方冰鞋的特点,对此,学者任昳霏认为是作者想象着画上去的。随着国外势力打开中国大门,"冰嬉"一词逐渐被"溜冰""滑冰""冰上运动"等词取代。

图2-7 《冰上的娱乐》刊登于英国《伦敦新闻画报》(1861年)

第四节 融合阶段

从1894年到1949年，满族冰嬉经历了重大变革，这一时期的冰嬉活动不仅是民间娱乐活动的反映，也是社会历史变迁的一个缩影。随着清朝的衰落，以宫廷为主体的冰嬉盛典逐渐退出了历史舞台，民间的冰上活动却因此而蓬勃发展。在这一时期，满族冰嬉的外延明显扩大，除传统的冰嬉盛典外，各种民间冰上活动和娱乐项目也被纳入冰嬉的范畴，尤其是在北京地区，随着皇家禁苑的河道和湖泊向公众开放，越来越多的冰场成为市民冰上活动的聚集地，如什刹海、北海的五龙亭前、陶然亭和中南海新华门内的东湖等地。《北京护城河上的冰床和滑冰者》是国外插画师弗兰克·戴德按照摄影师托马斯·查尔德拍摄的北京护城河冰上场景所绘制的插图（见图2-8），图中生动展现了19世纪末护城河上拉冰床和滑冰的热闹景象。

图2-8 《北京护城河上的冰床和滑冰者》，刊登于英国《画报》（1895年）

化装溜冰会是这一时期极为流行的冰上活动形式。1926年1月31日，在北京北海公园漪澜堂举办的北平燕京大学化装溜冰会（见图2-9）吸引了数千名观众，参赛者以奇装异服亮相活动，展现了冰嬉活动的独特魅力。随着时间的推移，青岛、太原、哈尔滨等地也相继报道了类似的活动，甚至在全国没有天然冰面的地区也掀起了一股滑冰热潮，室内滑冰开始在南方流行。

图 2-9　北平燕京大学化装溜冰会，刊登于《时代》杂志（1930 年）

清末民初时期的吴桐轩是满族冰嬉表演的重要传承人，他不仅是慈禧太后"冰鞋处"的滑冰高手，也是清末民初时期满族冰嬉文化的传承者。据资料记载，吴桐轩老人在 20 世纪 30 年代已经七旬高龄，每当冬季严寒来临时，他都会身着八旗兵护军的制服，脚穿传统满族式冰鞋，在北海冰面上展示"丹凤朝阳""洞宾背剑""夜叉探海""金朝天镫"等滑冰技艺，吸引众多市民和外国人士观看。吴桐轩的表演不仅展现了高超的滑冰技艺，更传递了满族丰富的文化内涵。他通过精湛的技艺和传统服饰，再现了满族冰嬉的历史辉煌，同时也为这一古老的艺术形式赋予了新的生命和时代意义。他的表演不仅表达了对满族传统文化的尊重，更是对冰上运动的一种延续。吴桐轩的滑冰技艺和文化传承，不仅丰富了近现代中国的文化景观，也为满族文化的传播与认同做出了重要贡献。（见图 2-10）

然而，辛亥革命的爆发和后续的战乱却使得包括冰床在内的传统冰嬉项目受到严重影响。1937 年"七七事变"后，随着战火的蔓延，北京的护城河水流量不足，冰床数量锐减，冰车和冰上蹴鞠等项目也渐渐消失。总的来说，这一时期的满族冰嬉活动不仅是民间娱乐的一种形式，更是东西方文化交流的一个窗口，反映了传统与现代、本土与外来文化的碰撞与融合。其中，北京地区的冰嬉运动尤为突出，其发展历程展示了中西合璧、雅俗共赏的独特文化风貌。

图 2-10　吴桐轩冰嬉表演图，摄影：杰克·威尔克斯（1946 年）

第五节　繁荣阶段

中华人民共和国成立初期，特殊国情使得满族冰嬉离开了大众生活。改革开放后，社会焕然一新，满族冰嬉脱离了政治漩涡，变为群众生活中的娱乐形式。新时代中国的冰嬉运动得以发展得益于国家政策的大力支持。自北京成功申办 2022 年冬季奥林匹克运动会（简称冬奥会）以来，国家启动了"三亿人参与冰雪运动"的宏伟计划，这极大地推动了冰雪运动的普及，其中就包括传统的满族冰嬉活动。政府投资建设了大量的冰雪运动场所，如滑冰场和滑雪场，这不仅为民众提供了方便的冰上运动场所，还成为满族冰嬉文化传承的新平台。同时，政府还提供资金支持和政策优惠，鼓励地方政府保持和传承各自独特的满族冰嬉文化，并举办各类冰嬉节和比赛。如今，满族冰嬉运动在部分地区特别是东三省地区随处可见，无论是室内冰场还是室外天然水域，不仅脚踩冰刀从事现代滑冰运动的人越来越多，开展满族冰嬉活动的地区也不断涌现。例如，北京，在历史上曾是皇室冰嬉盛典的举办地，拥有丰富的冰嬉文化传统和现代化发展机遇。随着城市现代化进程的推进，北京冰嬉在传统基础上融入了现代体育元素，如花样滑冰和速度滑冰等。北京的冰场如什刹海、北海公园等地，每到冬季便成为市民参与冰上活动的热点区域，其中以皇家冰嬉表演最具代表性，专业的滑冰表演者身穿八旗士兵服装，脚踏冰鞋，手举旗帜，再现了当年八旗士兵在冰嬉盛典上的高超技艺，同时也展现了北京地区冰嬉活动的多样化和国际化趋势。而承德，作为河北省内的一个重要城市，历史悠久，自古以来就是皇家的狩猎场所，而冬季的冰嬉活动则是其文化传统中不可或缺的一部分。承德的冰嬉活动更加注重民众的参与度和旅游文化的推广。近年来，当地政府会在承德避暑山庄等地举办以承德围场冰上龙舟为代表的冰雪赛事和具有满族特色的冰雪娱乐项目，如龙舟竞赛、渔猎文化展示、滑冰冰球训练、雪雕大赛等。再如，吉林省四平市作为清朝后宫叶赫那拉氏族的发源地和皇太极的母亲孝慈高等三代皇太后的出生地，历史底蕴深厚，冰嬉活动频繁。近年来，当地政府将独有的叶赫满族风情文化与冰雪运动相融合，开展特有的清宫冰嬉旅游节等活动。还有，辽宁省抚顺市新宾满族自治县作为满族文化的重要发祥地、冰嬉盛典的起源地，其地域内的冰嬉活动不仅是冬季的传统娱乐项目，更是满族文化的重要组成部分，因此新宾地区的冰嬉活动最具有满族文化特色，如今仍然保留了许多传统的冰嬉形式，如冰龙舟、冰蹴鞠和抽冰嘎等。这些活动不仅丰富了当地民众的冬季生活，也成了传承和展示满族文化的重要方式，体现了满族人民对冰雪的独特情感和文化认同。每逢冬至开始，新宾人民就积极开展以满族文化为特色的冬季冰嬉活动，以此推动当地的文化旅游发展。

随着工业的发展和城市人口的增加，原本属于乡村或小城镇的满族冰嬉活动逐渐转移到了大城市，成为城市冬季文化生活的重要组成部分。一些城市如哈尔滨、沈阳、大连、长春等地的市民也开始在冬季参与各式各样的满族冰嬉活动。他们不仅延续了满族冰嬉丰富的传统文化，还在现代化进程中融入了更多的元素，形成了与其他地区互补的满族冰嬉文化景观。这种地区性的满族冰嬉活动的发展，反映了满族冰嬉的地域多样性和深厚的文化根基。

综上所述，自中华人民共和国成立以来，满族冰嬉活动经历了从政治工具到大众娱乐的转变，尤其在改革开放后，这种转变更为显著。满族冰嬉不仅恢复了其游戏属性，而且随着国家政策的推动，特别是"三亿人参与冰雪运动"的战略实施，满族冰嬉和其他冰雪活动均得到了广泛的推广和普及。这种推广和普及不仅提供了民众参与满族冰嬉运动的新渠道，也促进了满族冰嬉的发展与创新，成为凸显中国文化多样性和地域文化特色的重要手段。在这种背景下，研究新宾满族冰嬉的重要性显得尤为突出。新宾作为满族文化的重要发祥地，其满族冰嬉活动具有深厚的文化内涵和独特的民族特色。新宾满族冰嬉活动不仅是一种文化娱乐形式，更是生态环境与文化传统相互作用的产物。保护和发展这种文化活动对于凸显文化多样性、保护文化遗产具有重要意义。新宾满族冰嬉活动的现代化表达和国际化推广，不仅能够加深外界对满族文化的认识和理解，还能促进文化交流和对话，提高满族文化的影响力和吸引力。另外，作为一种文化实践，新宾满族冰嬉活动不仅是满族人民社会互动的平台，也是他们共同体验和重塑民族认同的载体。这种文化符号的互动和共享，对于加强社区凝聚力和促进文化旅游发展具有重要的促进作用。因此，深入研究和挖掘新宾满族冰嬉文化不仅能够为当地带来经济利益，还能加深公众对满族文化的认知，推动满族文化的可持续发展。这种研究和挖掘将有助于我们构建一种既尊重传统又符合现代社会发展需求的文化传播模式，为地区甚至国家层面的文化振兴提供支持和实践案例。

小结

满族冰嬉的历史发展是一个深刻反映满族社会文化变迁和适应环境的过程，从早期的实用性技能到成为满族文化的象征，再到现代的文化传承，其经历了萌芽、发展、衰落、融合和繁荣五个重要的历史阶段（见表2-3），同时也表现出了深远的历史意义和文化价值。

表 2-3 满族冰嬉的历史

阶段	时间	描述
萌芽阶段	1625年前	满族冰嬉起源于满族人民的生产生活实践和文化创造，与他们所处的冰雪环境紧密相连，早期多用于狩猎、交通、移动甚至战争
发展阶段	1625—1796年	被乾隆皇帝钦定为"国俗"，融入礼乐制度，纳入国家典礼，展现出政治、军事、制度和文化的身份认同
衰落阶段	1796—1894年	经济转型和社会动荡，大清王朝面临内忧外患，传统的冰嬉活动逐渐从人们视野中消失，"冰嬉"一词逐渐被西方"溜冰""滑冰""冰上运动"等词取代
融合阶段	1894—1949年	以宫廷为主体的冰嬉盛典逐渐退出历史舞台，化装溜冰会等民间冰上活动极为流行，形成了中西合璧、雅俗共赏的独特文化风貌
繁荣阶段	1949年至今	中华人民共和国成立后，随着全民健身的推广，冰嬉作为一项能促进全民健身和文化遗产保护的运动项目得以复兴。在现代旅游和文化节庆活动的推动下，传统满族冰嬉在新宾等地区作为当地文化遗产焕发出了新的活力

在满族早期历史中，冰嬉因作为一项为适应极端寒冷气候的生存技能而得以发展。满族人民居住在寒冷的北方地区，冰嬉是狩猎和日常活动中不可或缺

的一部分。满族先民制作和使用了各种冰上工具，如竹马、狗车、木马、靰鞡滑子等，这些工具不仅加快了人们的移动速度，还提高了冬季狩猎的效率。随着满族政治力量的崛起，冰嬉逐渐被纳入军事训练和社会娱乐活动中。清初，冰嬉被努尔哈赤等满族首领用作检验士兵的军事技能和增强军队凝聚力的手段。同时，随着满族文化的影响范围扩大到中原，冰嬉作为一种娱乐活动被推广到了更广泛的社会层面，成为人们在冬季的重要文化活动，具有加强民族团结和文化认同的功能。清朝时期，冰嬉已经发展成为一种文化象征和高规格的"国俗"活动。它不仅是体育运动项目，还包括了宫廷娱乐表演项目和军事训练项目，成为展示满族文化和提高民族自豪感的重要方式。另外，皇家的冰嬉盛典展现了满族文化的独特风貌和艺术成就。

　　道光年间是满族冰嬉历史发展中的一个衰落阶段。随着清朝国力的逐渐衰退，社会经济和文化活动普遍受到影响，满族冰嬉也不例外。这一时期，满族冰嬉从曾经的宫廷盛事逐渐变为边缘化的活动，其在社会文化中的地位显著下降。并且，随着西方滑冰活动的引入，满族冰嬉的衰退速度进一步加快。在清朝末年，尤其是进入道光年间后，满族冰嬉活动被局限在少数地区和民族社群中，成为一种仅存于民间的季节性传统活动，缺乏系统的组织和推广。

　　进入现代社会后，满族冰嬉作为传统文化的一部分，面临着新的挑战和机遇。国家政策的推动和文化振兴计划的实施使得满族冰嬉迎来了机遇。现代化的冰上技术和体育活动的多样化，为满族冰嬉提供了新的发展平台。满族冰嬉通过各种文化节、旅游活动和教育项目被重新诠释，吸引了更广泛的国内外关注，成为连接传统与现代、东方与西方的文化桥梁。

　　综上所述，满族冰嬉的历史发展过程是满族从以狩猎为主的部落过渡到成为中国历史上一个重要统治民族的文化适应与变迁过程的体现。这一历史发展过程不仅展示了满族人民对恶劣气候的适应能力，也反映了他们在政治、社会和文化层面上的深刻影响力。

　　满族冰嬉作为一种文化实践，其传播和演变过程涉及文化符号的交换和意义的重构。满族人民将冰嬉活动从原始的生存技能转变为具有娱乐和军事训练双重功能的文化活动，体现了一种文化的自我传播和适应外来影响的能力。这种文化活动的传播不仅限于满族内部，其影响力逐渐扩展到整个清朝，成为宫廷和民间普遍接受的活动。满族冰嬉的衰落反映了文化生态系统中的一种失衡状态。道光年间，清朝的政治衰退和社会经济的下滑导致文化活动的逐渐减少，满族冰嬉作为一种文化形式未能得到必要的资源和环境支持，逐渐边缘化。这一变化揭示了文化生态系统中各种元素之间的相互依存性，以及外部环境变化对文化活动存续的影响。满族冰嬉在满族文化中的符号意义从一种生存技能转变为展示军事力量和政治地位的手段。这一转变涉及社会各阶层对满族冰嬉符号意义的重新解读和构建。当清朝皇室将冰嬉运动提升为国家级的庆典活动时，它不仅是冰上技能的展示，更成为体现清朝政权稳固与民族融合的政治象征。

因此，满族冰嬉的发展和衰落不仅是文化传播的结果，也是文化生态变迁和社会符号交换的产物。这些理论的融合为理解满族冰嬉在更广泛的文化和社会背景下的演变提供了深刻的见解，突显了研究新宾满族文化的重要性。

第三章 满族冰嬉的非遗项目和工具使用

本章内容为满族冰嬉的非遗项目和工具使用,一方面介绍了满族冰嬉的非遗项目,包括支冰车子、闯爬犁、骑单腿驴子、滑脚灵子、滑靰鞡滑子、打冰尜、支冰排等,以及满族冰嬉表演将这些项目进行创新融入;另一方面介绍了各个满族冰嬉项目所使用的工具。

第一节 满族冰嬉的非遗项目

在新宾地区,满族冰嬉活动不仅是一项源远流长的冬季活动,而且深刻地体现了满族人民的文化传统与生活方式。这些冰嬉活动涵盖了日常生产劳动和自我娱乐等多个层面,展现了丰富多样的文化形态。本节重点以抚顺市非物质文化遗产(简称非遗)中新宾满族冰嬉的非遗项目为例,包括支冰车子、闯爬犁、骑单腿驴子、滑脚灵子、滑靰鞡滑子、打冰尜、支冰排等,对满族冰嬉的非遗项目进行详细介绍。

鉴于关于这些项目的文献资料相对匮乏,且部分活动因各种原因在当代已罕见或消失,因此本节的研究多基于实地调研和访谈。我们通过采访新宾地区的当地居民及老一辈的知识传承者,记录和挖掘那些可能逐渐淡出公众视野的传统冰嬉活动,以期为未来的冰嬉文化保护与传承提供基础资料。此外,本节还将考察这些活动如何在现代化的进程中被保存或是演变,以及它们如何反映满族人民对恶劣气候的适应能力和创造性响应。通过对这些传统冰嬉活动的详细研究,我们可以更深入地挖掘满族冰嬉的传承价值。

一、支冰车子

支冰车子是满族冰嬉的代表项目之一,一直流行至今。支冰车子通常指人们坐在冰车上,用双手握住冰钎撑地,使冰车快速向前滑行。多辆冰车可以并排滑行，进行速度比赛。早期的冰车是从雪上爬犁演变而来的，适用于封冻的江面及河面，拖拉物品的速度更快。这个演变过程可以追溯到中华人民共和国成立前期，甚至更远的时期。后来，支冰车子逐渐演变成孩子的玩具。它的出现和其他一些传统物件及文化一样，经历了一个演变的过程。李富田是新宾满族自治县的一名村民，他在采访中谈道：

> 作为新宾满族的一员，谈到支冰车子，我们感到非常自豪，因为它不仅是我们童年的重要记忆，还是我们满族特色冰上活动之一。支冰车子，或者我们通常称之为冰车子，是一种古老的滑冰工具，主要用于在冬季的冰面上进行快速移动和运输。历史上，支冰车子在新宾地区非常普遍，尤其在冰冻的河面和湖面上。它的设计虽然简单但非常实用，通常由木头和金属制成。车子的底部装有滑冰刃，能够在冰面上平稳快速地滑行。在过去，支冰车子不仅用于日常的运输，还用于各种冰上游戏和竞赛，是冬季社区活动中不可或缺的一部分。关于支冰车子的种类，我们新宾满族自治县主要有两种类型：一种是单人冰车，它比较轻便，适合个人滑行和娱乐；另一种是多人冰车，通常由两到三个人共同操作，需要更高的协作和平衡能力。多人冰车在比赛中更常见，它不仅能够增加娱乐性，还能够体现团队合作的精神。支冰车子对于我们新宾人来说，不仅仅是一项娱乐活动，更是我们满族文化的重要组成部分。通过参与支冰车子活动，我们不仅能够锻炼身体，提高平衡和协调能力，还能够传承和弘扬满族文化，增强民族认同感和自豪感。

通过调研我们得知，支冰车子的历史可以追溯到几百年前。当时，满族人民在冬季为了在冰雪覆盖的道路上行走，就发明了这种滑行工具。它最初可能是为了出行和狩猎而设计的，后来逐渐演变成一种娱乐活动。随着时间的推移，支冰车子成了满族文化的一部分，并代代相传。每逢冬季，在新宾的苏子河冰场上，都可以看到用支冰车子游戏的身影。如今，在新宾的旅游景区内，支冰车子已发展成为冰上娱乐的收费项目之一，专门为游客提供支冰车子的工具和场地。传统的木质支冰车子由于体积较大、较笨重和疏于维修，也逐渐被镀锌管材质的支冰车子替代（见图3-1）。但是，支冰车子的玩法还与过去相似，仍旧是大人和儿童热衷的冰上娱乐项目。支冰车子不仅展现了满族人民的智慧与创造力，也成为传承和弘扬满族传统文化的重要载体。

图 3-1 镀锌管材质的支冰车子

二、闯爬犁

爬犁又称扒犁，是一种冰上行走工具，满语称作法喇。"爬"是指这种工具没有轮子，就在冰雪上滑行，远远看去像在地上爬一样。"犁"是因为这种工具很像地里耕地用的犁杖。清代阮葵生的《茶余客话》卷十三中记载："法喇，似车无轮，似榻无足。覆席如龛，引绳如御。利行冰雪中，俗呼扒犁。以其底平似犁，盖土人为汉语耳。"这形象地描述了爬犁的形制、构造，解释了爬犁得名的缘由、使用的环境场合等问题。爬犁主要是针对东北地区冬季漫长、道路雪多冰厚这样的自然环境而创造出来的便捷工具，特别是在山高林密、沟壑全被冰雪覆盖的地区，爬犁的使用更为广泛。东北地区的满族有首民谣"十一月，大冷天。跑爬犁，雪炮烟"，就是当地使用爬犁的生动写照。满族的爬犁按动力方式和使用用途可以分为不同的种类，它既可以用人拉，也可以用牲畜拉。人力爬犁较小、较轻便，通常用于赶集、砍柴时，运输较轻的货物。畜力爬犁包括马爬犁、牛爬犁、狗爬犁等，其他一些民族还有羊爬犁、鹿爬犁、四不像爬犁等。畜力爬犁一般比人力爬犁外形大，车身重，载人、运货多，速度较快。

爬犁根据使用用途可以被分为载人爬犁和载货爬犁。载人爬犁通常设有车篷，用毛毡围绕，能够有效抵御风寒。其中，高档一些的载人爬犁被称为"暖爬犁"，曾记载于郭熙楞编撰的《吉林汇征》中，书中提到"并有作车篷于耙犁上，设旁门，套鹿皮围，谓之暖耙犁"。这种爬犁篷架装饰华美，外裹毡毯，里铺兽皮，放置火盆、脚炉等，篷外冰天雪地，篷内温暖如春。这种爬犁主要为达官、贵人所用，普通百姓难以享受。载货爬犁则用饱满、厚实的材料制成，专门用于运送货物，运量极大。只要路上有冰有雪，或是结冻的江河都可以顺利使用载货爬犁，一次运送几百斤、上千斤的货物都不成问题，这极大地方便了人们的生产和生活。

除了载人和运货，满族还有一种专供小孩玩耍的小型爬犁。小型爬犁的形制多样，有单车的、拐头的、双腿站立的，孩子们可以在冰上和雪上尽情游戏，这样的玩耍方式不仅丰富了冬季的娱乐活动，也对儿童的身心健康起到了积极作用。

爬犁作为满族的一种传统冰上交通工具，不仅仅是简单的出行设备，更是满族文化的一种深刻体现。这一习俗已深深融入满族人民的生活方式中，反映着满族人民对于恶劣自然环境的适应能力和对抗精神。当提到爬犁时，人们不仅会想到满族人民对抗东北严寒的英勇与坚韧，还会联想到他们在民族融合与社会进步中所作出的重要贡献。爬犁不只是一种工具，它也象征着满族人民的民族精神和坚韧不拔的意志，是满族文化中不可或缺的一部分，展现了一种生生不息的文化传承与精神力量。时至今日，随着现代交通工具的使用，爬犁不再承担载人运货的功能，而转变成冰上的娱乐项目。在东北方言中，"闯"这个字常常用来描述一种勇往直前、大胆尝试的行为。闯爬犁便是指驾驶或拖拽爬犁在冰面上大胆、快速地滑行（见图3-2），尤其是在竞速游戏或技巧表演中，更强调速度和冒险精神。爬犁的形态也在传统爬犁的基础上进行了改良，发展成儿童冰车、冰上轮胎、风帆爬犁等多种形态。

图3-2　闯爬犁

三、骑单腿驴子

单腿驴子是单刀冰车的俗称，源自满族民间传统冰雪运动滑冰车。这一运动在东北地区20世纪六七十年代特别流行。四百多年前，努尔哈赤在赫图阿拉建国称汗，建立后金政权，随着皇亲贵族、文臣武将以及大量八旗士兵的迁移，满族人民日常的生产生活工具也随之带入，包括爬犁和冰车。人们用这些工具在雪地上运输物资，其中由铁钎支撑前行的冰车逐渐演变成了一项体育运动。

单腿驴子之所以得名，是因为人们蹲在冰车上前行的姿势酷似骑驴。20世纪六七十年代，河面上的冰层只要达到10厘米厚，便可以看到单腿驴子在冰面上穿梭。然而，到了80年代，这项运动逐渐失去了往日的光芒，被人们淡忘，仅留存在老一辈人的记忆里。

单腿驴子的材料以木头为主，有一根冰刀在木头底下，速度及灵活性非双腿冰车能比，但滑行时平衡特别难掌握。虽然这项运动初学时平衡不好掌握，但熟练之后便可滑行自如。骑单腿驴子时，双脚需要一只一只站上去，掌握好平衡后，蹲在上面看着前方，两手握住铁钎往冰面合力一支撑，"哧溜"一下，人就会在冰面上滑行起来。骑的时候通过调整身体重心和挥舞铁钎可以控制方向和速度。单腿驴子对冰面质量要求较低，遇到冰窟窿可以跳跃过去。它最大特点就是速度快、拐弯灵活。在东北，"双腿没有单腿快"说的就是单腿驴子，它要比四方的双腿冰车快得多。单腿驴子占地面积小，冰上阻力小，所以在铁钎的支撑辅助下，行进速度更快、更敏捷。

这项运动不仅考验滑行者的平衡能力，还能带来滑行的刺激和快感。在20世纪60年代，每逢冬季，一些冰上爱好者就会在居住村子附近的河流或湖泊上拿着自己做的单腿驴子在冰上疾驰竞速，进行跳跃、旋转、交叉变阵等各种花样滑行（见图3-3）。如今，骑单腿驴子的人主要是50岁以上的老人，年轻人对这项运动不太熟悉。骑单腿驴子是满族冰嬉的重要代表项目之一，它承载着人们对冰上运动的热爱和对20世纪青春的美好记忆。

图3-3 骑单腿驴子滑行图

四、滑脚灵子

滑脚灵子在东北的民间又被称为脚滑子,是一种古老而有趣的冬季游戏(见图 3-4),类似于一种传统的滑冰活动,主要通过简易的自制工具进行,一般是买不到的。这种工具由一块与脚掌等大的木板构成,中间嵌有两根粗铁丝。在使用时,滑行者需将一只脚置于这种装置上,另一只脚则用来蹬冰推行。为保持平衡,滑行者的重心需要集中在装有"脚灵子"的脚上。在进行快速滑行时,推动的脚可以长时间悬空,这种技巧被称为单腿滑脚灵子。此外,还有双腿滑脚灵子,即通过绳子将两块木板绑在两脚上,交替使用双脚助跑,以在冰面上实现更加流畅的滑行。脚灵子按照形体分类可以分为踏板型脚灵子和脚型踏板脚灵子两种。踏板型脚灵子具有长方形的踏板,其前端安装有固定的制动滑行装置,可以迅速改变运行方向,确保滑行安全。脚型踏板脚灵子则是按照个人脚型设计制作的,优点是轻便简捷、工艺讲究、滑行速度快。这种脚灵子没有固定的制动滑行装置,依靠滑行者瞬间改变运行方向,通过滑刃与滑面横向摩擦产生的阻力来控制方向和速度,实现制动滑行。踏板型脚灵子的设计更注重安全性和稳定性,而脚型踏板脚灵子则强调速度和灵活性。这两种类型的脚灵子各有特色,前者适合初学者和注重安全的滑行者,后者则更适合技巧娴熟、追求速度和花样滑行的滑行者。

这种简单而直接的滑冰方式不仅考验滑行者的平衡与协调能力,也体现了满族文化中对冬季娱乐活动的创造性适应。脚灵子的设计和使用展示了满族人民在严寒环境中积极探索和创新的精神,使滑冰成为冬季生活中重要的一部分,也为满族冰嬉文化增添了丰富的内涵和魅力。

图 3-4 滑脚灵子

五、滑靰鞡滑子

靰鞡滑子是一种在靰鞡鞋底加上滑条或绑上木板，用双手持杖在冰上滑行的简单工具。滑靰鞡滑子是满族独有的一种冰上活动，源自远古时期。当时，女真祖先为了满足狩猎或远距离行走的需要，将较长的兽骨绑扎在脚上，手持木棍（杖）在冰雪地面上滑行，从而提高行走速度。这种兽骨制成的滑行工具被俗称为靰鞡滑子，后来在学界被称为"骨质冰刀"。

在日出而作、日落而息的自然经济背景下，这种"冰刀"应运而生，成为自然经济的产物。从我国出土的古骨器实物资料可以看出，长骨的一侧被磨平，骨的两端钻有孔洞。这些最原始的"冰刀"多为兽骨，尽管非常原始，但它还是有效地提高了人们行走和狩猎的效率。

随着手工业的发展和生产活动、军事作战需求的增加，冰刀由原始的靰鞡滑子改进成木板下嵌有铁条的滑雪板。人类使用这种滑雪板穿林海、跨雪原，进行狩猎或作战。当时冰上的这种代步工具为以后的速度滑冰奠定了基础，后来又根据作战的需要，演变成各种冰刀，包括速度冰刀、花样冰刀、冰球冰刀等。如今，现代冰鞋和其他冰上娱乐设备的普及，使得传统的滑冰工具在日常生活中的实用性逐渐减弱。滑靰鞡滑子作为一种传统技艺，虽然已被速度滑冰、花样滑冰等现代冰上运动取代（见图3-5），但它的文化价值并未因此消失，而是以更现代化的方式继续传承下去。这种传统技艺不仅被视为满族文化的一部分，也被整合进各类文化展示和教育活动中，以此保留其历史和文化意义。

图 3-5　现代民间花样滑冰

六、打冰尜

冰尜也称作"冰陀螺"或者"冰猴儿",打冰尜又称"打陀螺",是一种广泛流行于北方民间的冰上传统游戏(见图3-6)。打冰尜集趣味性、技巧性和娱乐性于一体,既锻炼了人们的身体又提升了他们的抗寒能力,受到北方地区广大民众的普遍欢迎。陀螺多为木制,形状呈下尖上平的陀螺形或倒立的圆锥形。玩家将树枝或细木棍作为鞭子,上面系麻绳用来抽尜。游戏时,玩家先把冰尜尖朝下放在冰面上一甩,然后用鞭子不停地抽,使之在冰面上不停旋转,并发出悦耳的嗡嗡声。冰尜旋转的时间越长,说明玩家的技术越高,以此判定胜负。

打冰尜一般有三种游戏方式。第一种是先将鞭绳紧绕在冰尜上,再将冰尜放倒,然后急速抽动鞭绳,冰尜会因惯性竖立起来,此时用鞭绳连续抽打冰尜数下,便可使冰尜高速旋转,保持稳定。当冰尜的转速慢下来时,只需补上几鞭保持转速即可。第二种是用两只手把冰尜尖头部位朝下握住,玩家蹲在冰上双手往顺时针方向用力一搓,使冰尜在冰上转动,然后立刻用鞭子抽打,使其不停旋转。第三种是在对抗赛中,玩家尝试用自己的冰尜撞击对方的冰尜。游戏的目标是将对手的冰尜撞停或撞倒。谁能成功使对方的冰尜停止旋转或倒下,谁便赢得比赛。这种比赛形式不仅考验玩家的力量和精准度,还考验策略和技巧,这使得这项活动更具竞技性和观赏性。

除此之外,打冰尜的比赛规则也可以被灵活设计,如看谁能抽动体积较大的冰尜,或者看谁抽的时间最久,又或是谁抽的动作花样技巧最多,谁能边抽边跑得最快,等等。

图3-6 打冰尜

七、支冰排

冰排俗称"冰床"或"拖床",形状像床一样,可以容纳三四个人,高度只有半尺多一点。顶部铺有草帘,底部镶嵌铁条,以便于在冰面上滑行。坐在冰排上时,通常由一人使用一根长杆,杆端装有尖铁,类似矛尖,用来刺入冰面推动冰排前进。虽然乘坐冰排的人可以较快速地到达目的地,但由于身体不动,极易感受到刺骨的寒风。在古代寒冷的冬日,冰排非常盛行,每当冬天天气寒冷、水面结冰的时候,冰排就会变得非常流行,人们乘坐冰排来来往往,非常方便。支冰排的人通常会备一件皮袄,如果没有客人,他就自己穿着以御严寒;如果有客人,就把皮袄给客人当作垫子。冰排可以随处雇用,价格非常便宜。随着时间的推移,冰排的设计有所改进,设有靠背和皮褥,变得更加舒适。

现代的支冰排(见图3-7)早已转变成为冬季人们冰上的消遣和娱乐项目。这种演变不仅反映了人们生活方式的变化,也展示了满族人民对传统文化的传承与创新。在冬季的冰面上,乘坐冰排不再是一种便捷的出行方式,而是一种体验满族历史文化的独特方式。

图3-7 支冰排

八、满族冰嬉表演

除以上具有代表性的满族冰嬉非遗项目外,新宾地区的冰嬉表演也是近年来冰嬉文化活动中的重要组成部分。这些表演延续和继承了清朝宫廷时期的冰嬉盛典传统,既保留了清代宫廷冰嬉盛典的表演特色,又融入了现代表演的创新,如将新宾满族的服饰文化和宫廷文化融入其中。昔日的满族冰嬉活动主要为皇帝检阅和娱乐而举行,具有明显的军事、文化和政治功能,而现代的满族冰嬉表演则转变为市民广泛参与的文化活动（见图3-8）。同时，表演者也从过去的八旗士兵变成现代冰上运动的爱好者。他们身穿古代八旗服装和满族宫廷服饰，手持八旗，利用现代的技艺和方式，配合故事讲述和伴奏，重新演绎满族冰嬉的传统精髓，为公众带来视觉和文化上的享受。

图3-8　现代满族冰嬉表演图

第二节　满族冰嬉的工具使用

一、冰车

冰车的制作通常是使用木板或木条钉成一个类似于椅子的长方形木架，在木架底部两边安装铁片或刀片，用于接触冰面，减少摩擦，方便滑行。人坐在冰车上，两手各持一根带尖铁棍用以加力和控制方向，从而使冰车在冰面上滑行。新宾满族自治县村民马师傅在采访中详细描述了传统冰车的制作方法，笔者将记录的口述内容梳理成文本如下。

第一，需要准备木材和铁器。一般选择轻质且结实的木材，如松木或桦木，这样制作出来的冰车既轻便又耐用。铁器包括铁条和铁片等，用于制作冰车的框架和滑行部分。

第二，开始制作冰车的框架。框架是冰车的主体结构，将木板裁剪成合适的尺寸并组装成一个长方形的座框，类似于小型的椅子。每个角落都需要精确固定，以确保整个结构足够稳固，可以承受人在冰面上滑行时的压力。至于推进冰车前行的工具，一般会使用一对冰钎。冰钎是一根长约两尺的木棍，一端装有锋利的铁尖。使用时，人们坐在冰车上，用双手握住冰钎，通过反复用力刺入冰面并推动来驱动冰车前行。

第三，在框架制作完成后，开始安装滑行部分。先是在冰车底座的下方安装铁片或刀片，这些铁片或刀片要打磨得足够锋利，以便能在冰面上顺利滑行。铁片或刀片的长度和宽度要适中，以确保冰车的稳定性和滑行效果。然后要对冰车进行装饰和涂漆。装饰可以根据个人喜好和习惯进行，如在冰车上刻上花纹或涂上鲜艳的颜色；涂漆主要是为了保护木材和增加冰车的美观度。

第四，检查一下冰车的各个部分是否牢固可靠，确保在使用过程中不会出现问题。

第五，试着在冰面上滑行一下，看看效果如何。

说到传统冰车的制作，马师傅还补充道，"过去一到冬天，全村的大人、小孩都会聚集在结冰的河面或湖面上，用我们自制的冰车进行比赛。现在这种手工的冰车已经很少见了，早已被现代的铅锌冰车淘汰（见图3-9），一是因为手工冰车制作相对麻烦，有一定成本，年轻人里会制作的不多，老一辈人年纪又大；二是因为现代冰车相对于传统冰车更轻便，价格便宜，不用过多维护，更适合游玩时使用"。

图 3-9 传统的木质冰车和现代铅锌冰车

二、爬犁

爬犁是生活在北方冰雪世界中的人们的主要运输工具（见图 3-10）。北方一年中有三分之一的时间处于冰雪期，而户外山川沟壑之间的雪特别大，往往分不清道路，只有爬犁可以不分道路，只要有冰、有雪，便可在冰雪上行走，并且主要靠动物的牵引，不需要人力。关于爬犁的制作，《黑龙江志稿》曾有清晰的记载："制如冰床，而不拖铁条，屈木为辕，似露车座低，傍轮前有轭而高，驾以牛或马，走冰上如飞。亦可施帷幕衾绸以御寒。"简单来说，爬犁的制作像普通的冰床，但不在底部加装铁条。爬犁使用弯曲的木头作为车辕，形状类似于露天爬犁，但座位较低。在爬犁前部设有高耸的轭架，用来驾驭牛或马。这样的设计使得爬犁在冰面上行走迅速，仿佛飞行一般。为了防寒，爬犁上还可以加装帷幕和用绸缎制成的厚重帘子。

图 3-10 传统满族爬犁

北方的爬犁轻便精巧，有时用同等粗细的小杆，经火和热气熏烤发软，然后窝成弯形，穿上横带制成爬犁。这种架子爬犁主要使用人力，在赶集、运粮或砍柴时，运送货物。还有一种跑长途的重载爬犁，用粗木凿卯镶牢。卯不用钉子，榫对准卯后用水泡浸。木头一膨胀比钉子钉的还结实。这种爬犁往往是拉重物、跑长途，爬犁架子也大，最大的有两顶小轿那么大。如果拉人还支上"睡棚"，那就舒服多了。这种睡棚又叫作暖棚，也可称作"皮棚"，是用各种动物的皮围绕在爬犁的周围，左右各留一个小窗，里面有火盆、脚炉等，长途在外可过夜和抵挡风雪。爬犁在满族村落里，不仅仅是一种交通工具，更是一种文化象征。这种传统爬犁制作精良，主要用于冬季雪地或冰上的行进和运输，极大地体现了满族人民适应严酷自然环境的智慧。爬犁由两部分构成：一部分是接触地面的滑行底座，我们称之为爬犁橇，通常由耐磨的柞木或桦木制成，可以保证足够的支持和滑行效果；另一部分是结构框架，包括支柱和横杆，可以确保爬犁整体稳固、耐用。在满族冰嬉活动中，爬犁不仅用于物资运输，还深入日常生活和节日庆典中，如用于冬季节日的游戏和竞赛，增加了冬季生活的乐趣和社区的凝聚力。

满族人民为了制作精湛的爬犁，一般会选择精细的材料来制作，如选用密度高、重量适中的杏木来制作爬犁橇，它具有出色的抓地能力和耐磨性，可以保证爬犁在雪地上的稳定性和持久性；榫卯结构也需要紧密配合、精良设计，以保证其耐用性和使用时的安全性。现代科技尽管改变了许多传统生活方式，但爬犁依然保有重要位置。

满族爬犁制作方法主要包括以下步骤。

第一，选择材料。通常使用韧性较强的木材，如柞木、椴木、桦木和榆木等。

第二，制作框架。使用两根较长的木杆作为爬犁的主要框架，一端用火烧烤使其翘起，形成辕子；另一端触地平直，用于安装车厢。

第三，制作车厢。在两根木杆之间钉上横杆和支柱，形成车厢结构，可以坐人或装载货物。

第四，爬犁的特点是无轮毂，靠两根光滑的木杆在冰雪地上滑行。为了增加舒适性和保暖性，我们可以在爬犁上加装帷幕、衾绸等。

满族的爬犁还可以根据动力方式和用途分为不同种类，如人力爬犁、畜力爬犁（马爬犁、牛爬犁、狗爬犁等）。在制作人力爬犁时，常使用较短的木杆和额外的树枝来加强结构，而在制作畜力爬犁时，则会使用更结实的材料来承受动物的力量。

三、单腿驴子

近年来,随着科技水平的不断提升,单腿驴子的样式、材料更加丰富。除了传统的蹲式单腿驴子,还有新型的坐式单腿驴子。冰钎的材质有不锈钢的、铝合金的,甚至有些滑冰爱好者还直接把现成的登山杖改制成冰钎。人们还会根据自己的爱好,在冰钎上添加一些动物头像或徽章作为装饰。

传统单腿驴子的制作大致分为四个步骤(见图3-11)。

第一,找一块长约25厘米、宽6~7厘米、厚5~10厘米的长方形木块,用锯条沿纵向在木块的中间锯出一条槽。

第二,找一块长约30厘米、宽5~10厘米、厚3~4毫米的铁板,加工成匕首形,将其垂直砸进木块的槽里。

第三,找一块与长方形木块长度一样、宽15~20厘米、厚1~2厘米的长方形木板,钉在长方形木块上,作为脚的踏板。

第四,选择两块与长方形木板同样长度、同样厚度的木板,一块宽3~5厘米,垂直钉在脚踏板的前方,防止脚滑出脚踏板;另一块宽约8厘米,竖着钉在脚踏板的后方,即脚后跟踏的地方。

第五,滑单腿驴子必须有"冰掸子",每只手拿一根。具体滑法是,先用一只脚踏住单腿驴子,然后用一根"冰掸子"架在脚踏板的一侧,倚住单腿驴子,最后将另一只脚踏到脚踏板上,蹲在单腿驴子上,用两个"冰掸子"一起撑地,推动自己和单腿驴子滑行。

图3-11 传统单腿驴子制作图

四、脚灵子

"脚灵子一般都是需要自己手工制作的,市面上几乎没有卖的。如今的脚灵子随着现代冰鞋、冰车的出现,早已被替代和淘汰,冬季的冰场上,很少能看到滑脚灵子的人,更别提是自己做的脚灵子了",新宾村民张明兰在采访时说。传统制作脚灵子的材料主要是木板、铁丝和绳子,具体说来包括2块短硬木板、4根八号铁丝子、8根洋钉和8根麻线绳。第一,在木板的选择上,要选择质地比较坚硬的木板,一般情况下,选择由青干柳(橡子树的别称)制作的木板。木板的宽窄长短要与自己脚的大小相当,木板的厚度在2厘米左右比较适合。第二,将准备好的木板锯成脚掌大小后,需要在前端锯出一个"小舌头",并在"小舌头"下面(朝着冰面的一面)削掉1厘米,使得"小舌头"与地面有一定的距离,不让它与冰面接触。第三,将准备好的洋钉,顺着木板钉在"小舌头"底下,使钉子帽刚好嵌入"小舌头"里面。第四,在每块木板底部顺着木板方向镶上2根八号铁线。第五,把4根麻线绳分别系在木板的4个角上。这样脚灵子基本就制作完成了(见图3-12)。

这种看似简单的滑冰工具不仅记录了满族人民的生活和娱乐方式,还反映了他们对自然环境的适应和利用。随着时间的推移,虽然脚灵子在实际使用中已经变得较为罕见,但作为一种文化遗产,它仍然值得我们研究和传承,以保持和弘扬地方文化的独特性和多样性。

图3-12 传统脚灵子

五、靰鞡滑子

靰鞡是满族男子在冬季使用的一种靴鞋。靰鞡鞋用牛、猪皮等皮革缝制而成,包括靰鞡脸(靴面)、靰鞡耳(靴边)、靰鞡靿(靴筒)和靰鞡绳(系带)等部分(见图3-13)。穿着时,内部需填充靰鞡草。此草为东北旧时的"三宝"(人参、貂皮、靰鞡草)之一,吉林山内所产的靰鞡草尤为细软。满族早期所居地区冬季酷寒、冰雪深厚，为了抵御脚下寒冷，人们将靰鞡草采集后锤熟，絮入靴内，再放上靰鞡靿，系紧靰鞡绳，即使在寒冷的天气下，双脚也不会受冻。靰鞡鞋不仅为满族人所穿用，亦为汉族人所喜爱。如今，随着生活水平的不断提高，手工制作的靰鞡鞋已很少使用了。

靰鞡滑子是指在靰鞡鞋的鞋底绑上增加滑行速度的"滑子"。所谓的"滑子"通常指的是安装在鞋底部的平滑物，如金属条、铁片或其他光滑材料，借助这些平滑物来实现滑行。

如今，随着现代科技的发展和人民生活水平的提升，传统的靰鞡滑子已经被现代冰鞋替代。现代冰鞋设计更为科学，材料更加轻便耐用，不仅具备更好的保温性能，还能通过精确的设计提高滑行的稳定性和速度，满足现代人在冰上运动（如速度滑冰和花样滑冰等）的多种需求。现代冰鞋的出现不仅是技术进步的体现，也标志着传统文化与现代科技的结合，展示了文化的转变和演进。尽管如此，靰鞡滑子作为满族文化的一个组成部分，其传统的制作技艺和文化价值仍然值得被珍视和传承。它不仅仅是一种古老的滑冰工具，更是满族人民智慧和生活方式的历史见证。

图 3-13 满族靰鞡鞋

六、冰尜

冰尜是一种传统的冰上陀螺,其结构特点和制作材料经过多年演变,已逐渐多样化。传统的冰尜通常由木材制作而成(见图3-14),大小各异,直径一般在一寸左右。上端为圆柱形,平面上通常会贴绘彩图等,以增加视觉美感;下端则为锥形,底端嵌入一个凸形顶钉或钢珠,以便在冰面上稳定旋转。

打冰尜所用的鞭子通常由木棍、粗绳或布条组成,鞭绳的自制过程大致分为以下两个步骤。一是选择一根大约两尺长、手指粗细的树枝鞭子杆,尤其要挑选那些直而有韧性的枝条,用小刀削去多余的树皮和枝丫,确保两端修剪平滑,以免挂衣或擦伤手。二是在绑定鞭绳一端的同时用小刀环刻一圈浅槽,这样鞭绳扎结后不容易松脱,在剧烈挥动时不至于飞出去造成伤害。最常用且最实用的鞭子,是从废旧三角皮带中拆出来的尼龙线,选择三股同样长的线材,像编辫子一样将它们编织成一根坚固耐用的鞭绳。这种鞭绳不仅耐磨,而且其表面略带橡胶质感,具有良好的抓地力,能使人们在抽打冰尜时有效地加速其旋转,让冰尜在冰面上旋转得更快、更久。

随着现代化的推进,传统手工制作的冰尜越来越少。当前市场上,除传统的木质冰尜外,也开始使用不锈钢、黄铜等多种材料来制作。这些现代材料不仅赋予冰尜更加精致和漂亮的外观,还增加了其耐用性。一些高端的冰尜甚至集成了声音和灯光效果,这些设计让冰尜在旋转时更显绚烂夺目,增添了人们在视觉和听觉上的双重享受,吸引了更多年轻人和冰尜爱好者的关注。

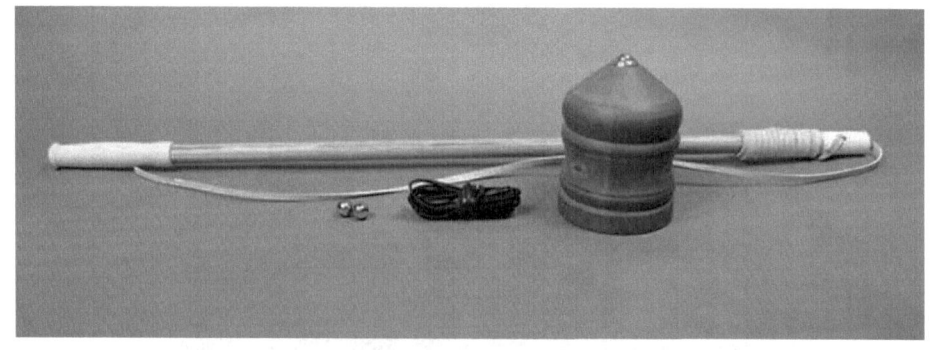

图3-14 木质冰尜

七、冰排

冰排的制作工艺虽然简单，但充满了传统的智慧和实用性。冰排通常由一个长方形木架构成，顶部铺设木板，类似于床板的结构（见图3-15），这样既可以用来运载物品，也可以铺设毡子供人乘坐。冰排的底部特别设计了两根木棍，木棍外面包裹铁条，形成类似于冰刀的结构，使得冰排能在冰面上平稳而迅速地滑行。

撑竿的设计同样巧妙，它是驱使冰排移动的关键工具。撑竿一端装有锐利的铁尖矛，能够牢牢地扎入光滑的冰面，为冰排的推进提供支持。尖矛的内侧还设有一个弯钩，这不仅强化了撑竿的功能，使得操作者可以通过钩住其他冰排或冰块来拖曳冰排，而且在冰面突然破裂时，这个弯钩也能够作为一种紧急救援工具来使用。如果有人不慎落水，使用尖矛和弯钩不仅可以自救，还可以进行救援。在寒冷的冬季，冰排为人们提供了一种快速移动的方式，然而，如今冰排的使用已经大大减少，逐渐消失在人们的视野中。

图3-15　冰排构造图

通过本章介绍可知，满族冰嬉的非遗项目和工具使用种类繁多，其具体的非遗项目名称、技巧、工具、图片可见表3-1，满族冰嬉工具的名称、材料和制作、基本功能、图片可见表3-2。

表 3-1 满族冰嬉非遗项目一览表

名称	技巧	工具	图片
支冰车	使用冰钎有效控制速度和方向,通过体重转移和力量分配实现平稳而快速的滑行	冰车、冰钎	
闯爬犁	合理操控牵引或利用体重转移,确保在冰面上稳定快速地滑行,并有效地控制方向	爬犁、牵绳	
骑单腿驴子	保持平衡和节奏感,同时灵活地调整身体姿势以适应不断变化的冰面	单腿驴子、铁钎	
滑脚灵子	保持平衡和熟练运用脚部动作,实现在冰面上灵活滑行和转向	脚灵子	
滑靰鞡滑子	使用木杖辅助推动和控制方向,同时维持身体稳定以优化滑行速度和效率	靰鞡滑子	
打冰奔	准确地控制冰奔的打击力度和角度,以保持冰陀螺在冰面上稳定旋转并发出声音	冰奔、鞭子	

续表

名称	技巧	工具	图片
支冰排	确保在冰面上有效控制冰排的方向和速度，熟练操作尖矛长杆，实现稳定导向和速度调整	冰排、尖矛长杆	

表 3-2 满族冰嬉工具一览表

名称	材料和制作	基本功能	图片
冰车	由木板制成底座，底部安装金属滑刃，通常配有一个座位和用于推动的冰钎	古代多用于运输和交通，现代多用于在冰面上快速移动进行比赛和娱乐等	
爬犁	由木材构成橇体，通常用绳索或皮绳进行牵引	古代多用于载物、劳作和运输，现代多用于单人或多人的冰上娱乐	
单腿驴子	由基于脚掌大小的木板制成，一端固定座椅，底部装有单一的金属滑刃	主要用于在冰面上进行滑行游戏	
脚灵子	由小型木板或金属板制成，底部装有金属刃，通过绑带固定在鞋子上	用于个人在冰面上快速移动和娱乐滑行	
靰鞡滑子	在靰鞡靴底部绑定金属刃，使得行走时具有滑行功能	传统的滑冰工具，古代用于狩猎、军事作战等，现代基本被冰鞋代替，用于冰面上的速度滑行	

续表

名称	材料和制作	基本功能	图片
冰尜	由木质、金属等多种材质制成的陀螺形状物,底部装有钢珠或尖钉,配合鞭子用于旋转	作为娱乐和冰上游戏项目	
冰排	由长方形的木架构成,顶部铺设形似床的木板或草毡,底部装有裹有铁条的长木棍	古代多用于出行、运载、嫁娶等,现代基本用于多人的冰上娱乐消遣	

第四章　满族冰嬉的数字化创新探索

本章主要介绍满族冰嬉的数字化创新探索，一共阐述了三个方面的内容，分别是满族冰嬉文化符号分析与提取、满族冰嬉文化符号的意义建构以及满族冰嬉文化的数字化传播。

第一节　满族冰嬉文化符号分析与提取

一、满族冰嬉文化符号分析

满族冰嬉文化作为民族冰雪文化的瑰宝，不仅具有深厚的历史底蕴，还展示了满族人民的智慧和创造力。满族冰嬉文化体现了满族人民与自然环境的和谐相处，并在实践中不断地发展和丰富了中华民族的文化传统。美国人类学家克利福德·格尔茨认为，文化不是封闭于人们头脑之内的某种东西，而是存在于公共符号之中，通过这些符号，社会成员彼此交流世界观、价值取向、文化精神以及其他观念，并传承给下一代。因此，符号不仅是社会互动的基础，其解读过程也是文化交流和传承的核心。满族冰嬉不仅是一项体育活动，更是一种富有深厚意义的文化符号。在这一活动中，每一个动作、仪式、规则，甚至使用的工具都可能承载着特定的文化意义，通过这些符号，人们可以表达、交流并深刻理解其背后的文化意义。根据文化结构层次理论，现代的满族冰嬉文化符号系统可以分为三个层次来分析（见图4-1）：外层是物质文化符号，涵盖所有可见的文化实体和物质符号；中层是制度文化符号，包括社会的组织结构、规则和惯例；内层是精神文化符号，涉及价值观念、信仰和思维方式。

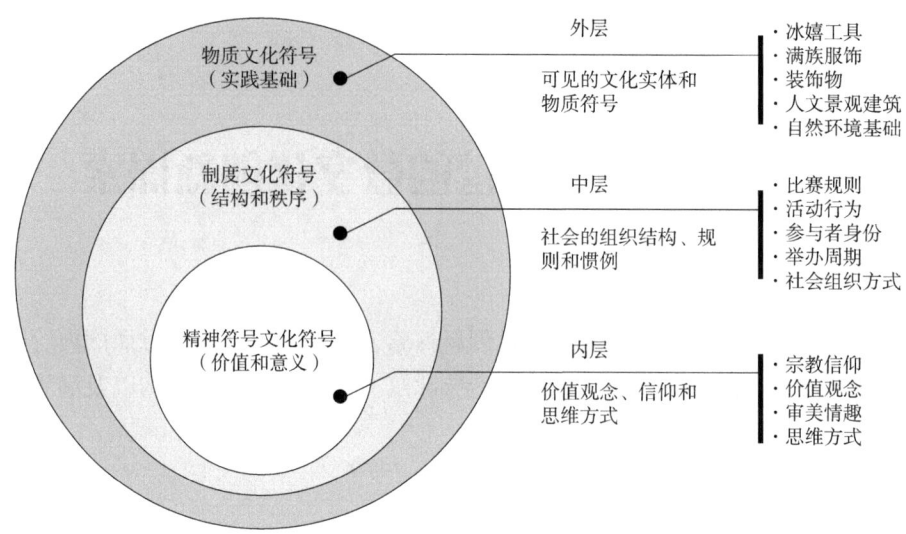

图 4-1 现代满族冰嬉文化符号系统的三个层次

（一）外层——物质文化符号

物质文化符号是指人的物质生产生活及其产物的总和，是可感知的、具有物质实体的文化事物。在满族冰嬉活动中，冰上工具和器材如冰车、爬犁、冰杵、单腿驴子、脚灵子等，是其顺利开展必不可少的前提条件，它们不仅是满族冰嬉活动的物质基础，也体现了满族人民的智慧和创造力。除此之外，还有参与满族冰嬉活动时穿着的传统满族服饰，如八旗服饰、旗袍、马褂和装饰物等，也是满族冰嬉活动重要的物质文化象征。还有满族冰嬉活动中必须考虑的季节条件和自然环境基础，如冬季气候温度、冰冻的河面和人文景观建筑等也共同构成了满族冰嬉的物质文化符号。

（二）中层——制度文化符号

中层的制度文化符号涵盖了满族冰嬉的组织结构、规则制定和社会实践。这一层面强调的是满族冰嬉活动中的社会组织结构和规则体系，如比赛的规则、活动内容、参与者的身份、活动的举办周期以及其在社区中的组织方式等。这些元素不仅确保了满族冰嬉活动的顺利进行，还维系了社会秩序和集体价值观的稳定。在满族冰嬉的各项活动中，"支、闯、骑、滑、打"等技艺和规则是各项冰嬉活动的核心组成部分，从具有自发性的个人娱乐到有组织的竞技比赛，它们不仅要求参与者具备一定的身体素质和动作技巧，还需要展示对美的追求和创造。这些技艺和规则使得满族冰嬉的制度文化符号得以形成和传承。

（三）内层——精神文化符号

在满族冰嬉中，精神文化符号是其最为核心的部分，代表了人类社会实践和意识活动中经过长期孕育而形成的宗教信仰、价值观念、审美情趣和思维方式。这一层面的精神文化不仅涉及满族人民的世界观和价值观，也体现了他们对生活的精神追求。例如，满族人民的勇敢和智慧，在冰嬉活动中的技艺展示、工具制作和竞技比赛中得到了充分的体现。满族冰嬉活动中所展现的团结协作精神也是满族文化的重要组成部分。此外，在严寒的自然条件下，满族人民持有的人与自然和谐共生的价值观以及面对极端气候条件时的顽强意志和坚韧不拔的精神等，也为满族文化的传承和发展提供了强有力的支撑，共同构成了满族冰嬉活动的精神文化符号。这些精神文化符号不仅反映了满族人民的内在品质，也为满族冰嬉活动赋予了更深层次的文化内涵。

以上三个层次的文化符号系统相互作用，形成了满族冰嬉独特的文化表达。物质文化符号提供了文化实践的基础，反映了满族人民对环境的适应能力。制度文化符号确保了这些实践的社会结构和秩序，通过文化实践和符号系统传递，影响人们的行为和社会关系。而精神文化符号则赋予了这些实践深远的意义和价值，通过教育和社会化过程实现文化的传承。这些文化符号在社会互动中不断被赋予交换和解读意义。这种互动过程使得文化不是被动地传承，而是在参与者的动态交流中不断被重新构建和确认。这样的层次分析不仅能够帮助人们更全面地理解满族冰嬉的文化价值，也能使人们更深刻地认识到这种文化活动如何借助数字化手段进行可持续发展创新。

二、满族冰嬉文化符号的提取

在游戏设计中提取满族冰嬉文化符号涉及将具体的文化元素转化为游戏中有形、可互动的内容，还涉及将满族冰嬉的物质文化、制度文化和精神文化精髓以编码的形式内嵌于游戏产品之中，同时赋予符号本身深刻的含义。满族冰嬉文化符号元素提取过程模型见图4-2。提取满族冰嬉文化符号不仅有助于保持游戏的文化"本真"，还原满族冰嬉文化的传播真实性和准确性，还有助于增强玩家的沉浸感和教育体验。基于上文对满族冰嬉文化符号的分析，接下来将重点探讨如何在游戏设计中编码这些文化符号。

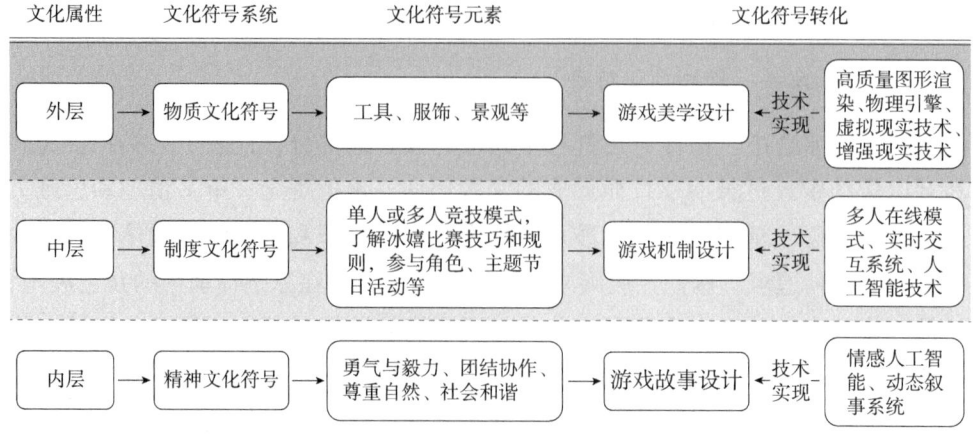

图 4-2　满族冰嬉文化符号元素提取过程模型

（一）物质文化符号提取

物质文化包括所有可感知的、具有物质实体的文化事物，如满族冰嬉所使用的工具（冰车、爬犁、冰栾等）、服饰（八旗或满族服饰、装饰物等）和景观（冰雪自然景观、当地文化遗址等）等。在游戏设计中，这些元素可以通过精致的美学呈现来复现。设计师可以利用高质量的界面元素设计来展示满族冰嬉工具的外观、材质以及使用方法等。在角色设计上，设计师可以精确呈现满族传统服饰文化，通过角色设计和服饰定制帮助玩家在游戏中建立自己的文化身份，增强文化认同感。此外，游戏中的场景设计，如赛道、沿途景观等，也需反映满族冰嬉活动的自然环境和文化背景，以此增强游戏的沉浸感和视觉吸引力，确保满族冰嬉文化的真实传达。

（二）制度文化符号提取

制度文化是社会结构和规范的体现，它规定了个体和群体的行为方式和社会互动的规则。满族冰嬉的制度文化符号涉及满族冰嬉的组织形式、规则制定和社会实践等。在游戏设计中，这些元素可以通过游戏机制设计、故事情节构建和社会文化结构的体验等方面来体现。例如，在游戏机制设计中，可以通过模拟满族冰嬉比赛的规则和参与方式，设定多种满族冰嬉比赛模式，并且，每种模式都有独特的规则和技能要求，以充分反映满族冰嬉的多样性和技术性。通过有趣且富有教育意义的体验方式，让玩家能够在遵守这些规则的过程中了解满族冰嬉制度文化的复杂性和丰富性。游戏的故事情节同样可以围绕与满族冰嬉相关的社会活动和节日等事件来构建，如将满族冰嬉比赛设在重要的节日期间，或者通过参与社区活动来增强对满族冰嬉的理解。此外，通过特定角色扮演和体验互动，玩家可以感受到满族人民团结协作的精神和严格遵守规则的文化氛围，从而增强对满族文化的认同感和深层次理解。

（三）精神文化符号提取

文化符号不仅是文化的表达形式，也是文化价值观和信仰的载体。满族冰嬉的精神文化符号表达了满族人民对自然的尊重、对勇气与毅力的赞扬以及对社会和谐的追求。在设计游戏时，设计者可以通过故事叙述、角色发展和互动、冲突解决等方式将精神文化符号进行重新编码。例如，游戏可以设定角色成长的故事线，通过角色的冒险和挑战，展现满族人民的精神文化。同时，通过与其他角色的互动和冲突解决，玩家可以体验并理解这些精神文化如何在其中发挥作用。角色的发展可以反映满族冰嬉文化中的核心内容，使玩家在游戏过程中逐步领会其文化内涵。

在游戏设计中，除了深入理解并精确编码满族冰嬉的精神文化符号，采用先进技术以增强文化教育和互动效果也是至关重要的。例如，虚拟现实和增强现实等技术的运用能显著提升游戏中精神文化符号的表现力，将它们转化为更加生动和直观的游戏体验。这些技术的引入不仅仅展示了技术本身的优势，更重要的是它们能深化游戏的沉浸感，使玩家在接触文化内容的同时，深切感受到文化的丰富层次和深远意义。通过先进技术的运用，可以使玩家置身于虚拟的冰嬉比赛场景中，亲身体验满族冰嬉的独特魅力，感受满族人民对自然的适应与尊重。这种高度沉浸的互动环境直接并有效地传达了文化的教育意义，不仅增强了玩家的学习动机，也深化了他们对满族冰嬉文化的认知。

第二节　满族冰嬉文化符号的意义建构

在符号互动论中，人们使用符号作为传递信息、进行交流和互动的媒介，强调通过符号来"建构"的意义，即事物的意义是人在社会互动过程中赋予的。这种意义并非固定不变，它依赖于互动的具体背景和情境，并且在一定程度上，是通过参与者之间的协商确定的。因此，符号的意义不是预设的，也不是永恒不变的，而是在不断的社会互动中生成、调整、发展和变化的。在游戏设计的语境中，参与者包括符号的生产者（游戏创作主体）和符号的接收者（玩家），他们通过符号的互动，共同构建起符号的意义。这种动态的互动使得游戏成为一个活生生的文化空间，其中的符号和意义不断地在设计师的创意和玩家的体验之间流动和转化。

心理学研究认为人脑的思维过程可以被概括为本能、行为和反思三个层次，这三个层次共同构成了我们对环境的反应和处理信息的方式。在游戏设计中，对满族冰嬉文化符号的意义建构是一个涉及直接感知、行为体验以及深层反思的复杂过程（见图4-3）。通过这三个层次，游戏设计师可以有效地将文化符号的深层意义传递给玩家，使其不仅体验到表面的游戏玩法，而且能深入理解和感受满族文化的核心价值与精神。

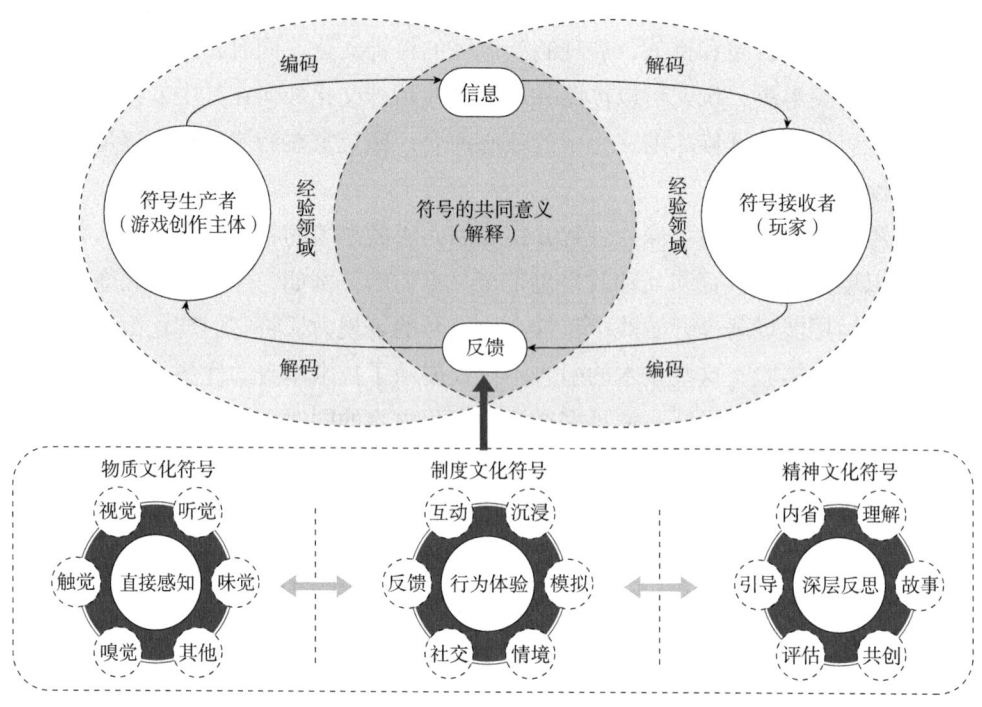

图 4-3　满族冰嬉文化符号的意义建构模型

一、直接感知

直接感知是指玩家通过视觉、听觉、触觉等感官知觉直接体验游戏中的文化符号。这是满族冰嬉文化符号意义建构的第一步，也是吸引玩家进入游戏世界的关键环节。

（一）视觉感知

在游戏中，满族冰嬉文化的服饰、工具、色彩、场景等可视化符号是触发玩家本能反应的直接途径。首先，与主题相关的服饰和工具是文化身份和历史的重要标志。精确再现这些可视化符号可以直接吸引玩家的视觉注意力，因为它们不仅能传达满族的美学特征，也能引发玩家对于该文化背景的好奇心和探索欲，从而在本能层面上促使玩家更深入地参与到游戏世界中。其次，色彩在满族冰嬉文化中常常承载着特定的象征意义。游戏中满族冰嬉的视觉呈现可以利用色彩来传达特定的情感，如暖色调可以激发玩家的热情，增强玩家的胜利感，而冷色调则可能强化冰雪活动的寒冷感觉和季节感，通过色彩直接影响玩家的情绪和感受。最后，场景的真实性与细节表现。例如，自然冰场的视觉再现、周围的景观和冰上活动场景等视觉细节不仅增强了游戏的真实感，也使玩家在视觉上感受到了满族冰嬉的文化生态环境。

（二）听觉感知

听觉是除视觉以外最重要的感官知觉。在满族冰嬉文化的游戏设计中，听觉感知同样是获取信息和产生情感的重要途径，因为它能直接触动玩家的本能反应并加深其沉浸感。例如，冰面滑行的声音、冰鞋与冰面的接触声、比赛中的呼喊声等都是满族冰嬉活动中独特的听觉元素。这些听觉元素的合理融入，不仅增强了游戏的听觉效果，还加深了玩家的参与深度和情绪投入度。

（三）触觉感知

触觉感知是通过模拟真实世界的物理互动来触发玩家的本能体验。例如，使用触觉反馈技术如振动手柄或触觉服装可以增强玩家对游戏中物理事件的感知，如冰面上的滑行感觉、碰撞的震动或冰面不平的粗糙感觉。这种物理层面的互动能直接影响玩家的感官系统，促使他们以更真实的方式体验游戏，从而增强对游戏的沉浸感和真实感。通过模拟满族冰嬉活动中的触感体验，玩家能够本能地感受到速度、力量和环境因素对游戏的影响。这不仅让玩家更加投入，还能在无形中加深玩家对满族冰嬉文化背景和环境条件的理解。触觉的加入强化了玩家的直接体验和文化认同，并与视听体验共同构成了一个多感官的交互环境。

（四）其他感知

除了视觉、听觉和触觉感知，嗅觉和味觉等其他感官体验的开发与应用依然十分重要。例如，通过温度控制设备模拟满族冰嬉活动中的寒冷气候，不仅增强了冰雪环境的真实感，还激发了玩家的本能反应。此外，嗅觉和味觉模拟器同样可以被整合进游戏系统中，使玩家体验到如雪地上独有的清新空气等自然味道，或是通过虚拟现实设备模拟滑冰时的动态平衡，使玩家在体验游戏时产生更强烈的身体感受和情绪反应等。嗅觉和味觉等其他感官体验的开发与应用不仅提高了游戏的真实感，还有助于玩家更深刻地理解和感受满族冰嬉文化。

二、行为体验

行为体验强调玩家通过与游戏中的符号进行互动来体验和学习满族冰嬉文化。这不仅能增强玩家的参与度，也使文化符号的意义通过玩家的行为得到进一步的展示和深化。在游戏设计中实现行为体验的关键在于创造一个高度互动和沉浸式的环境，让玩家通过自己的行为直接影响游戏世界。其中包括设计动态互动机制对玩家的选择和行动做出反应，如通过环境变化、角色对话和情节发展来增强玩家的投入感。同时，还可以利用物理引擎进行现实世界物理互动的模拟，配合震动和触觉反馈增加行为的真实感。情景模拟和角色扮演也是提高行为体验的有效方法，可以让玩家在特定情境中做出决策，体验角色的文化内涵和情感背景。此外，游戏中社交元素的设计也能通过集体互动提升行为体验的复杂性和教育价值等。

在满族冰嬉文化的游戏设计中，实现行为体验可以通过模拟真实的满族冰嬉活动如支冰车、闯爬犁、骑单腿驴子等，允许玩家通过游戏控制器或触摸屏操作，实现对满族冰嬉活动道具和动作的直接操控。这种物理交互不仅能提升游戏乐趣，还能深化玩家对满族冰嬉文化的体验。此外，玩家还可以在比赛中策略性地选择滑行路径或调整速度，这个决策过程不仅反映了满族冰嬉文化对技能和智慧的重视，还增强了游戏的策略性。同时，游戏设计也包括了与其他玩家的多人互动，社区和团队合作的方式体现了满族文化中的团结精神，丰富了游戏的互动体验，加深了游戏的文化深度。

三、深层反思

深层反思是指玩家在经历了直接感知和行为体验后，对游戏中文化符号的深层意义进行思考和理解。这是一个内省的过程，通过深层反思，玩家能够将个人体验与文化意义联系起来。在游戏中可以通过叙述和角色对话引导玩家反思游戏体验与满族冰嬉文化之间的联系。通过故事情节展示文化符号的历史和社会意义，有助于玩家在完成游戏任务的同时，对满族冰嬉文化有更深的认识和感悟。同时，游戏还应该设计反馈和评估机制，根据玩家的选择和行为展示不同的文化相关结果，鼓励玩家思考自己的行为是如何影响文化环境和个人角色的。

在数字化背景下，满族冰嬉文化的符号互动和意义建构通过游戏设计实现了多维度的展开。符号互动论强调符号在社会互动中的动态建构过程，这一理论适用于分析如何在游戏中通过符号互动来建构文化意义。满族冰嬉的文化符号在游戏中被编码和解读，包括视觉、听觉、触觉等直接感知方式，以及更深层的行为体验和深层反思。通过这种多层次的设计，满族冰嬉的文化符号在数字游戏中得到了存续，不仅作为娱乐内容存在，更成为文化传承和教育的载体。

满族冰嬉文化符号的意义建构是一个互动和协作的过程，需要创作者和玩家共同参与。这种共同建构的过程突出了符号互动论的核心思想，即符号的意义不是静态的或单方面由创作者预设的，而是在不断地互动中被创造、发展和重新定义的。在这个过程中，游戏不仅仅是文化传递的渠道，更是一个文化创造和经验共享的活跃空间（场所），其中符号意义的建构是连续和迭代的，反映了一个活生生的文化交流和演化过程。这种共同构建的过程不仅增加了游戏体验的深度和丰富性，也使得满族冰嬉文化在数字时代得以创新和持续传承。

第三节　满族冰嬉文化的数字化传播

文化与传播之间有着重要的联系。文化离不开传播，而传播本身就包含文化的传播。传播是文化的内在属性和基本特征，一切文化都是在传播的过程中得以生成和发展的。自人类创造文化之日起，就伴随着文化的传播。文化的差异性、社会性和符号性使文化传播"热所必然"成为可能。美国著名的传播学家威尔伯·施拉姆称传播是社会得以形成的工具。社会学家查尔斯·科利认为，传播是人类关系赖以存在和发展的机制，是一切智能的象征和通过空间传达它们和通过时间保存它们的手段。人类学家爱德华·萨皮尔强调："每一种文化形式和每一种社会行为的表现，都或明确或含糊地涉及传播。"文化传播通过语言、手势、表情、图像、文字等符号系统传递或交换知识、观点、情感、欲望和其他类型的信息，从而影响特定的受众。

尼葛洛庞帝在《数字化生存》中提出的数字科技革命已经深刻改变了我们的生活、工作和学习方式，而他关于分散权力、追求和谐与赋权的论断，在今天的数字化传播实践中得到了充分体现。数字化传播不仅已成为基本的传播行为，还在持续推动社会的媒介化，即媒介与社会各领域的深度融合。这一过程表现为媒介技术的不断深化，从传统媒介到社交媒介再到智能媒介，反映出媒介形态的动态变化和数字化的深化。

在文化领域，数字化传播通过创新中华文化的叙事结构和话语方式，激活和再现了非物质文化遗产的时代魅力，同时创新了文化消费场景和文化体验方式。因此，本节尝试以游戏设计为例，基于威尔伯·施拉姆大众传播理论来构建满族冰嬉文化的数字化传播应用模型。

被誉为"传播学之父"的威尔伯·施拉姆在传播学领域有着无可比拟的地位。1954年，施拉姆在奥斯古德的基础上提出了"奥斯古德-施拉姆"传播模型，强调社会传播的互动性，将传受双方视为传播过程的主、客体，共同行使着译码、释码和编码的职能。而后，施拉姆意识到该模型无法完全体现大众传播的复杂性，从而提出了更为全面的大众传播模型。施拉姆认为一个完整的大众传播过程应包括五个基本要素：信源、传播者及传播主体（媒介组织）、受众、传播的信息、与传播者相连的反馈。传播者从信源处获得信息，然后通过媒介组织将信息传递给受众，受众在接收到信息之后，再向传播者传递反馈信息。作为传播者的大众传媒与一定的信源相连接，同时通过大量统一的信息与传播对象相联系。这些作为受众的个人又分别属于不同的群体之中，个人与个人、个人与群体都保持着一定的传播关系。媒介组织同时充当了编码者、释码者和译码者的角色，而且受众也扮演着编码者、释码者和译码者的角色。这就使得两种群体中充满了变化，个人也从属于群体中，改造和加工信息的途径变多，信息也会变得更加多样，相比之前的传播模型，大众传播模型最大的贡献在于首次提出了反馈的概念，在一定程度上揭示了社会传播过程的相互连结性和交互性。

结合施拉姆的大众传播理论，满族冰嬉文化的数字化传播模型（见图4-4）可以通过以下几个要素来构建。

第四章　满族冰嬉的数字化创新探索　057

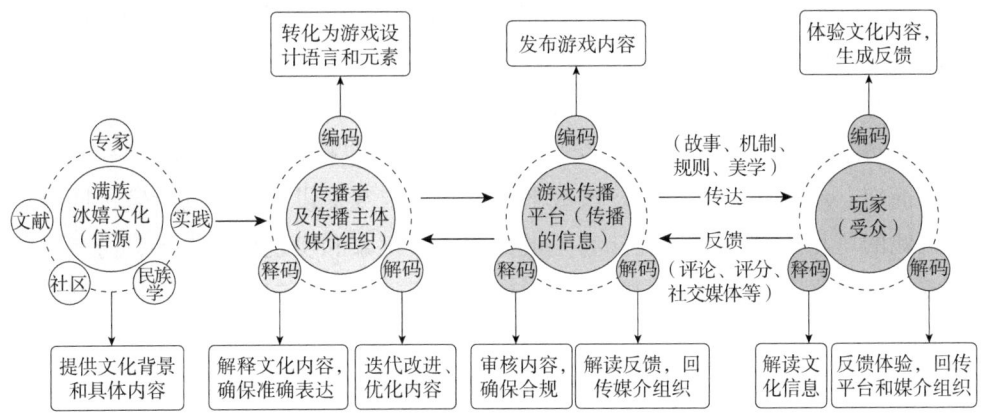

图 4-4　满族冰嬉文化数字化传播模型

一、信源

在游戏设计中，信源的作用至关重要，它们为游戏的开发提供必要的历史和文化背景信息。这些信源包括历史文献、民族学研究、非物质文化遗产专家的见解、文化实践以及与地方社区的直接交流。历史文献提供了满族冰嬉从古至今的发展脉络，帮助开发者构建游戏的历史背景。民族学研究则揭示了满族人民的日常生活和满族的社会结构，为游戏内的社会互动和角色行为提供依据。与此同时，非物质文化遗产专家的见解不仅介绍了满族冰嬉的现代实践和保护状态，还强调了满族冰嬉文化传承的现实挑战，这对游戏的内容更新和文化教育层面的价值具有较大的推动和提升作用。此外，文化实践以及与地方社区的直接交流，直接影响着游戏的真实性和游戏中文化体验深度。游戏创作团队利用这些信息，通过现代数字技术可以将其转化为吸引玩家的视觉和互动体验，确保满族冰嬉文化在数字游戏中的准确性与生动表达，同时提升游戏的文化教育功能和市场吸引力。

二、媒介组织

媒介组织在满族冰嬉文化的数字化传播中扮演了至关重要的角色，主要负责游戏的开发、发布、维护和推广。媒介组织包括游戏开发团队、发布平台、市场营销团队以及游戏客服等，每个部分都对游戏的成功传播起着重要作用。

游戏开发团队是创造和编码游戏内容的主体，负责将满族冰嬉的文化元素转化为游戏机制、故事情节和视觉艺术等。开发过程中,团队需要确保游戏的设计既能真实反映满族冰嬉文化,又能引起玩家的兴趣。这需要开发人员深入研究满族冰嬉的历史发展过程和文化特性,同时应用最新的技术和游戏设计理念。

发布平台则作为游戏触达受众的主要渠道,包括但不限于数字游戏商店、应用商店、小程序和网站等。这些平台负责将游戏提供给广泛的玩家,同时影响游戏的可见度和可访问性。为了最大化覆盖玩家和实现传播效果,游戏可能需要在多个平台和系统上同时发布,包括主流的游戏控制台、计算机和移动设备等。

市场营销团队负责制定和实施推广策略,通过广告、社交媒体、公关活动和合作伙伴来增加游戏的知名度。市场营销团队需要精确地定位目标受众,设计引人注目的营销活动,这些活动应突出游戏的独特之处和文化价值,激发潜在玩家的兴趣。

游戏客服则负责维护玩家的游戏体验,进行技术支持和处理玩家反馈。优质的客户服务不仅能提升玩家满意度,还能通过玩家的直接反馈来改进游戏内容和完善用户体验。

综上所述,媒介组织在满族冰嬉文化的数字化传播模型中起到了多维度的核心作用,从游戏开发到用户体验的每一个环节都需要媒介组织的高效协调和专业执行。媒介组织通过将满族冰嬉的丰富文化内容转化为吸引人的数字体验,为广大受众提供了一个独特的文化窗口,并推动了满族冰嬉文化的传播和普及。

三、受众

受众的深入分析在游戏设计中是至关重要的。受众不仅决定了游戏设计的方向和内容的深度,而且影响了传播策略的实施过程和最终的市场接受度。满族冰嬉游戏的受众可以大致划分为以下几个关键群体:对历史文化感兴趣的玩家、寻求娱乐体验的玩家以及教育机构和文化研究者。这些不同的受众群体对游戏的期望和需求各不相同,如对历史感兴趣的玩家关注游戏的历史准确性和文化真实性,寻求娱乐体验的玩家更注重游戏的互动性和视觉效果,而教育机构和文化研究者则看重游戏的教育价值、文化价值和信息的可靠性。因此,满族冰嬉游戏的开发首先需要明确受众群体,并综合他们的需求,设计具有教育、文化意义且富有娱乐性的游戏内容,并通过不同的传播渠道使游戏有效地触达这些受众。了解受众的媒介使用习惯和偏好有助于游戏的市场定位和营销策略,从而有针对性地进行广告投放和运用社交媒体策略,以确保游戏能够最大限度地吸引目标受众并实现文化的传播与教育价值。

四、传播的信息

信息或符号内容是指那些被编码进游戏中以传达满族冰嬉文化的所有文化符号和内容。这些信息是游戏开发中的核心部分,不仅关乎游戏如何吸引玩家,还关系到如何准确恰当地传达满族文化。游戏开发团队需精心挑选和再现历史文化元素,确保从服装到工具的每一个细节都符合满族冰嬉的历史真实性;故事情节需紧扣满族冰嬉文化,通过巧妙的叙事手法和全面的角色发展,让玩家深入了解满族的价值观和社会结构;同时,游戏设计注重互动体验,允许玩家通过参与虚拟比赛、体验传统工艺或参加文化节庆活动来深入体验满族冰嬉文化;此外,还需要利用最新的图形和声音技术来增强游戏的真实感和沉浸感,探索利用新技术提供更直观的文化体验。通过这种全方位的设计,满族冰嬉游戏不仅能成为文化传播的工具,同时也能提供教育和娱乐的双重价值,有效地促进满族冰嬉文化的全球影响力和传承。

五、反馈

反馈是游戏设计中核心环节,它直接影响游戏的持续改进、用户满意度和教育成效。开发团队需要通过多渠道收集反馈信息,包括在线评论、社交媒体、客户支持以及游戏内置反馈机制。这些渠道的数据提供了关于游戏性能、用户界面、文化内容准确性以及教育效果的宝贵信息。这种来自玩家的直接反馈可以帮助游戏开发者识别并解决技术问题、优化游戏性能和改进界面设计,同时评估文化元素的表现是否达到教育和娱乐的目的。玩家的体验和建议是调整游戏内容、确保文化敏感性、提升市场竞争力的关键。因此,定期和系统地分析玩家反馈是确保游戏能够持续吸引并教育玩家的重要方面,这意味着游戏开发不仅是一个创造性的活动,更是一个不断学习和改进的动态过程。这种双向的互动确保了游戏在技术和文化传播层面上能够达到高质量的标准,有效地传达了满族冰嬉的丰富文化内涵。

游戏作为满族冰嬉文化数字化创新的载体,已经由传统的娱乐工具角色转变成一个强有力的文化传承和教育平台。这种转变不仅扩展了游戏的功能和意义,还提供了一种新的方式来活化和传播满族冰嬉文化，使之与现代技术和全球化趋势相结合。在这样的平台上，文化符号和教育内容得以通过互动和沉浸式体验被新一代青年深入探索和学习，确保了满族冰嬉文化的持续传承，并在全球范围内促进了满族冰嬉文化的传播与欣赏。这种方法不仅提升了文化教育的吸引力和效果，也为保持文化传播的准确性和真实性提供了创新路径。

第五章　满族冰嬉的游戏创新探索

　　数字技术的进步不仅改变了社会形态，还重塑了相应的新媒体文化生态和意识形态。随着互联网技术的迅猛发展，电子游戏及其文化观念已融入全球性的文化生产、重构与传播体系之中，为现代中国文化遗产的发掘、利用与传播提供了多种途径。传统文化元素的数字化转化和创新性应用，不仅有助于提升文化遗产的认知度和影响力，还能为文化遗产注入新的生命力，并赋予其新的表现形式。在这一背景下，将满族冰嬉融入游戏设计中，不仅是对这一传统文化的传承和保护，更是对其现代化表达的探索与实践。

　　本章将基于满族冰嬉的游戏创新探索，深入探讨其在游戏设计中的具体应用，旨在通过详细的设计流程和实践案例，展示如何将满族冰嬉的文化核心元素有效地转化为游戏内容，从而增强玩家的文化体验。满族冰嬉的游戏设计流程涉及将丰富的文化元素转化为游戏的具体内容和互动体验。这一过程需要对满族冰嬉中的物质、制度和精神文化符号进行精确的提取和再现，并将其融入游戏的机制、故事情节和视觉表现中，以确保游戏不仅具有娱乐性，而且能够传递满族冰嬉的文化精髓和内涵。本书第四章的内容为满族冰嬉游戏设计的具体实施提供了理论框架和实践基础，在本章中，笔者将从概念定义、原型开发、游戏测试、分析反馈和推广宣传五个方面出发讲述满族冰嬉游戏设计流程（见图5-1），并以游戏《幻游凌嬉》为例，阐述利用数字化创新满族冰嬉运动的具体应用和实施办法。

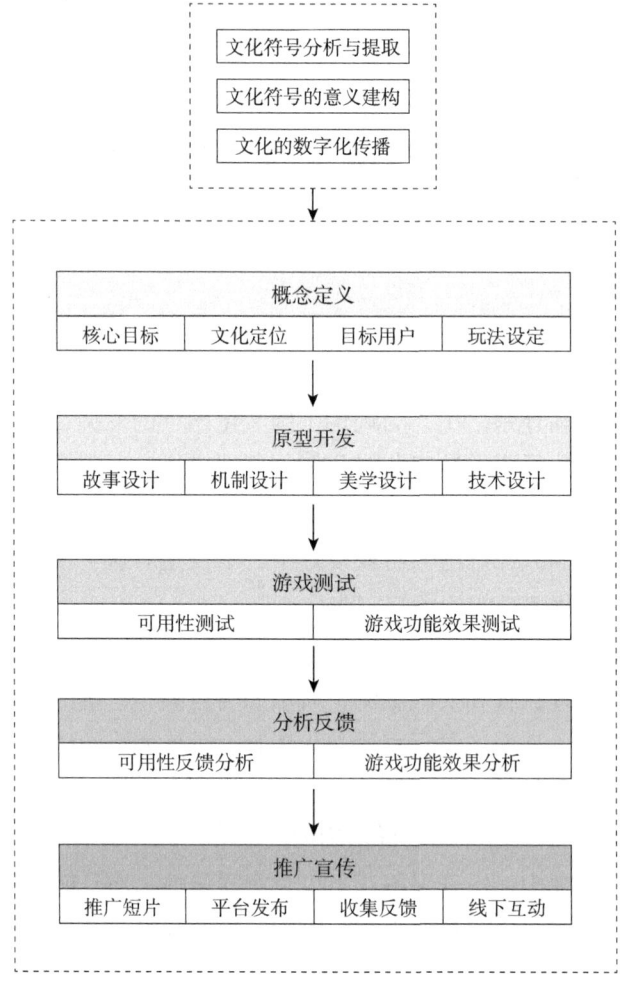

图 5-1 满族冰嬉游戏设计流程

第一节 概念定义

在游戏设计中，概念定义是指在游戏设计之前明确游戏的核心目标、文化定位、目标用户和玩法设定。概念定义涉及广泛的研究和分析工作，旨在确保游戏的设计和开发有明确的方向和基础。概念定义包括对游戏文化背景的深入研究、目标用户的详细分析、核心玩法的确定以及教育与娱乐功能的结合。这一阶段的工作是游戏成功的基石，决定了游戏的整体方向和内容，为后续的开发、测评和反馈提供了明确的指导。

一、核心目标

《幻游凌嬉》是一款旨在通过现代数字技术，推动满族冰嬉传承和创新的功能性游戏。其可以有效解决满族冰嬉在现代化发展过程中面临的传承断层、普及度不足、实际参与受限和系统性保护缺失等问题。游戏致力于运用数字化手段实现满族冰嬉的传承和创新，提升受众的文化认同感，推动满族冰嬉的文化交流和经济发展。

满族冰嬉作为一种传统的非物质文化遗产，具有丰富的历史和文化内涵。然而，随着社会的发展，满族冰嬉面临传承上的严峻挑战。年轻一代对这一技艺的了解逐渐减少，导致文化传承面临断层的风险。此外，由于缺乏系统的研究和推广，满族冰嬉在国内外的普及度较低，很多人无法全面了解其深厚的历史和文化价值。同时，冰嬉活动由于受到地理和季节限制，人们实际参与的机会较少，这进一步削弱了人们对这一技艺的兴趣和认同感。在这种背景下，《幻游凌嬉》运用数字技术，为满族冰嬉的传承和创新提供了新的解决方案。《幻游凌嬉》通过数字化手段，打破传统文化传承的空间和时间限制，使满族冰嬉得以在全球范围内传播。玩家可以在虚拟世界中体验满族冰嬉活动，了解其历史发展脉络和文化背景，从而提高对这一传统技艺的兴趣和认同感。因此，《幻游凌嬉》的定位不仅是一款娱乐产品，更是一个文化教育平台。游戏通过生动的互动方式，将满族冰嬉的历史发展过程和非遗技艺融入任务和故事中，使玩家在娱乐中学习满族冰嬉文化知识，激发他们对满族冰嬉的兴趣，促进他们提升满族冰嬉文化的认同和保护意识。通过这种方式，游戏有效地弥合了现代社会中传统文化与年轻一代之间的代际鸿沟。同时，数字化传播也使全球玩家能够在虚拟世界中体验满族冰嬉的花样玩法，促进了跨文化交流和理解，使得不同文化背景的人们可以共同参与和分享满族冰嬉的乐趣和文化内涵，从而推动文化多样性的保护和发展。

此外，游戏的数字化创新可以为文化旅游带来新的发展机会。满族冰嬉作为一种具有独特魅力的文化资源，通过《幻游凌嬉》的推广，可以吸引更多游客和冰嬉爱好者来到新宾满族自治县，亲身体验满族冰嬉，促进当地旅游经济发展的同时解决文化旅游收入单一和产品同质化的问题，从而推动文化旅游产业的结构优化和协同发展。

综上所述，《幻游凌嬉》的核心目标是通过现代数字技术，推动满族冰嬉的传承和创新、提升玩家对满族冰嬉的认同感和普及度、促进文化交流和经济发展。游戏的设计逻辑围绕着利用数字技术的优势，解决满族冰嬉在现代化发展中面临的传承、普及、保护及创新问题，为满族冰嬉的保护和传承开辟新的路径，彰显数字化创新在文化发展中的重要作用。

二、文化定位

《幻游凌嬉》的文化定位深植于对满族冰嬉的深入理解和现代化呈现，旨在通过数字技术实现文化的传承、普及、保护及创新。游戏背景设定在现代的新宾满族自治县，这一地区是满族冰嬉的重要发祥地，保留了丰富的文化遗产和传统活动。开发团队通过数字化传播模型的指导，整合了多种信息来源，确保了游戏中满族冰嬉文化元素的真实性和深度表达，使其不仅仅停留在表面，还能够深刻还原满族冰嬉的文化内涵和历史背景。

在设计过程中，开发团队借鉴了大量历史文献、民族学研究、专家意见和田野调查等信源，构建了一个详细且充实的文化背景，包括满族冰嬉的起源、发展和现代演变，以及新宾满族自治县的地理和社会文化背景等，这些资料被精确整合到游戏中，使得玩家能够在构建的虚拟场景中欣赏丰富的历史和自然景观，体验现代与传统文化的交融。通过系统性整合和分析满族冰嬉的文化符号，游戏将外层的物质文化符号（如冰车、爬犁、满族服饰等）、中层的制度文化符号（如比赛规则、组织形式等）和内层的精神文化符号（如勇气、团结等）有效地转化为游戏元素。这些文化符号不仅在视觉上得到了准确还原，还通过互动机制和故事情节融入了游戏的核心玩法中，使玩家能够通过多感官体验，深入理解满族冰嬉的文化价值和意义。

游戏的背景设定在新宾满族自治县，通过实地考察和与地方政府及文化学者的访谈，开发团队获取了大量的现代场景数据。这些数据包括传统的冰嬉场地、当地村落和现代化城镇设施等，有助于开发团队构建一个真实的现代新宾满族自治县虚拟世界。玩家可以在游戏中自由探索这些场景，感受新宾满族自治县独特的文化特质和自然风貌。同时，游戏还通过动画技术再现了现代冰嬉活动的场地和环境，提供了沉浸式的文化体验。

《幻游凌嬉》的文化定位不仅在于展示和传播满族冰嬉的传统文化，更在于通过现代数字技术实现文化的传承创新。游戏通过整合和应用多种信源，确保了游戏的文化深度、真实性和创新性，使玩家能够在游戏中体验到满族冰嬉丰富的文化内涵和互动乐趣。

三、目标用户

在符号互动理论的框架下，确定目标用户对于游戏设计具有重要意义。符号互动理论强调社会行为是通过符号的交流和解释实现的，符号不仅仅包括语言和文字，还包括行为、文化符号和社会背景等多种形式。通过用户调研，开发团队能够深入了解目标用户如何解读满族冰嬉文化符号，从而优化游戏设计，使其更符合用户的期望和需求。

《幻游凌嬉》的目标用户涵盖了多种群体，他们对满族冰嬉有着不同层次的兴趣和需求。明确这些用户群体并理解其特征是游戏成功的关键。为了精准定义目标用户，开发团队进行了详尽的用户调研，以确保游戏内容和设计能够满足用户需求和促进文化传播。在调研过程中，开发团队通过线上和线下相结合的方式，广泛发放了用户问卷。线上问卷主要通过社交媒体、游戏社区和相关文化论坛进行推广，覆盖了不同的社交群体和兴趣圈层；线下问卷则主要在高校、文化展览馆和旅游景点等地进行发放，确保覆盖到对满族冰嬉可能感兴趣的潜在用户。整个调研共收集了约500份有效问卷，这些问卷详细记录了受访者的年龄、兴趣、行为习惯和消费能力等多个维度的数据。

调研数据显示，18～35岁的年轻人群体是游戏市场的主力军，占比达到62%。其中，学生和年轻白领占比最高，分别为35%和40%，他们对新兴事物和文化体验有着高度的兴趣和接受度，并且他们的受教育水平普遍较高，其中72%具有本科及以上学历。在18～35岁的年轻人群体中，有70%表示对历史文化尤其是少数民族文化有浓厚的兴趣，渴望通过游戏等现代手段来了解和体验这些文化。

年轻一代对满族冰嬉的关注度也在逐渐上升。调研数据显示，有58%的年轻游客表示在旅游过程中对体验和了解不同文化和历史有浓厚兴趣，特别是满族冰嬉这样的民族传统活动。这些游客不仅希望在现实中体验满族冰嬉活动，还愿意通过游戏进一步深入了解和参与满族冰嬉活动。这一趋势为《幻游凌嬉》的推广提供了坚实的用户基础。游戏通过生动的文化再现和互动设计，使玩家能够在虚拟世界中体验满族冰嬉的复杂技艺和文化内涵，满足他们对探索新事物和追求新体验的需求。

同时，通过研究，我们发现目标群体中频繁使用社交媒体和在线游戏平台的人数占比高达80%。他们喜欢在社交平台上分享游戏体验，并通过游戏结交新朋友。在消费能力方面，18～35岁的年轻群体中，83%的人拥有稳定的收入，他们愿意为高质量、富有文化深度的游戏产品付费。因此，在《幻游凌嬉》设计中，我们可以通过不断更新内容和提供新颖玩法，吸引和保持这一用户群体的持续兴趣，使他们在获得娱乐的同时，也对满族冰嬉产生浓厚的兴趣和认同感。从心理层面来看，用户调研数据显示，78%的用户追求自我价值的实现，期望通过游戏获得认同感和归属感。游戏通过文化背景的深度再现和任务系统的设计，使玩家在游戏中感受到满族冰嬉的独特文化魅力，增强他们对满族冰嬉的认同感和兴趣。用户在游戏中喜欢挑战和取得成就，83%的用户表示期待游戏中有明确的目标和奖励机制。

综上所述，用户调研为《幻游凌嬉》提供了详细的用户画像，综合数据分析显示，游戏的目标用户主要集中在18～35岁，他们对历史文化有着浓厚的兴趣，喜欢探索新事物和寻求新体验，热衷于社交活动，喜欢在社交媒体上分享他们的体验。通过深入了解用户对满族冰嬉文化符号的认知、需求和互动行为，开发团队可以优化游戏设计，使其更符合用户的期待，从而推动满族冰嬉的传播和教育目标的实现。

四、玩法设定

《幻游凌嬉》的玩法设定通过模拟满族传统冰上运动，提供了一种深度融合冰嬉文化与竞技体验的互动形式。该玩法涵盖支冰车子、闯爬犁、骑单腿驴子、滑脚灵子、滑靰鞡滑子、打冰杂、支冰排等多项冰上活动，利用三维（3D）建模与物理引擎，真实再现冰上运动的物理特性和比赛规则。玩家的每一个动作和操作都会影响角色在冰上的表现，玩家需通过不断参加比赛和完成任务来提升角色的技能等级，并通过收集资源和完成任务来升级和定制自己的装备，从而在比赛中获得更大的优势。

游戏力图还原真实的冰上体验。例如，支冰车子、闯爬犁、滑靰鞡滑子强调快速滑行以争取在最短的时间内滑完赛道；滑脚灵子则要求玩家通过准确操作完成一系列技巧动作，如旋转和跳跃等，以获取高分；打冰杂强调精确的技术和策略，玩家需要通过精准击打冰杂，确保其在冰面上不停旋转，完成通关。游戏还通过提示、对话和分配任务等方式，向玩家传递满族冰嬉的历史背景和文化故事，使玩家在娱乐的同时学习到丰富的文化知识。

第二节 原型开发

一、故事设计

《幻游凌嬉》的故事设定在一个奇幻且融合了满族冰嬉文化元素的冰雪世界。游戏场景基于新宾满族自治县的自然地貌，涵盖山地、丘陵和平原，并将苏子河贯穿其中。不同的地形和地貌与冰上运动项目的选择和挑战难度相匹配，使玩家能够全面体验新宾满族冰嬉非物质文化遗产的魅力。

故事开始时，玩家扮演一名充满好奇心和冒险精神的年轻探险者，收到了一封神秘邀请函，邀请他参加一年一度的满族冰嬉文化活动。抵达新宾后，玩家发现自己置身于一个奇幻的冰雪世界中，这里不仅有壮丽的自然景观，还蕴藏着丰富的历史文化秘密。在游戏初期，玩家可以选择简单的冰上项目如支冰车子来熟悉基本操作和掌握竞速技巧。初级比赛设在平坦的冰面和宽阔的河道上，玩家需要掌握滑行和转向技巧以赢得比赛的胜利。每一次胜利都会为玩家解锁新的赛道和布置新的任务。随着故事的发展，玩家开始接触更具挑战性的竞速项目，如闯爬犁和滑脚灵子。这些项目设置在复杂的地形中，要求更高的滑行技巧和策略。在山地赛道上，玩家需要控制爬犁在险峻的地形中滑行，避开障碍并利用地形优势超越对手；而在滑脚灵子项目中，玩家需要在冰面上完成高难度的技巧表演，以赢得高分并解锁新的任务。故事的高潮设定在隐藏于冰雪世界中的古老遗迹——新宾赫图阿拉城。在这里，玩家必须完成一系列高难度的比赛，如在险峻的山地赛道、冰裂缝和暴风雪中滑行等。通过这些挑战，玩家不仅能提升竞速技能，还能逐步揭开满族冰嬉的终极秘密。最终，玩家成为满族冰嬉游戏的冠军获得者，并被授予满族冰嬉文化勋章。故事结尾，玩家揭示了满族冰嬉文化的真正价值和意义，并被赋予传承和保护满族冰嬉的责任。故事在玩家返回现实世界后，以他们继续推广和传承满族冰嬉为结尾，展现了他们在冒险旅程中对自我能力的挑战和对满族冰嬉的深入理解和认同。

二、机制设计

在数字化传播模型的框架下，简明的机制设计使得满族冰嬉文化信息能够更加清晰地传达给玩家。游戏通过简约和系统化的规则，将满族冰嬉的文化符号转化为易于理解和执行的任务和目标，使得玩家在完成任务的过程中自然地接触和学习这些文化内容。基于符号互动理论，游戏规则作为一种文化符号，通过与玩家的互动和执行，不断强化文化的传递和认同，帮助玩家在游戏中建立对满族冰嬉文化的深刻认知。

《幻游凌嬉》将满族冰嬉文化与竞速游戏机制巧妙结合，通过直观且系统的规则设计，使玩家能够轻松理解任务和明确目标并沉浸于游戏中。游戏的机制设计包括四个主要部分：目标设计、玩法设计、交互设计和规则设计，每个部分紧密配合，共同构建了一个充满挑战和文化深度的游戏世界。

游戏的目标设计主要围绕教育、娱乐和文化传播展开。玩家在游戏中不仅能够产生紧张刺激的竞速体验，还能自然地学习和理解满族冰嬉的知识。一系列的竞速比赛和任务让玩家能够深入了解满族冰嬉的历史、技艺和文化价值，同时感受丰富多样的挑战项目，增强游戏的趣味性和参与感。另外，互动和任务设计将满族冰嬉文化符号传递给玩家，也可以增强他们的文化认同感和传承意识。

在玩法设计上，围绕冰上运动项目展开，设定了不同难度的关卡，并通过设计挑战、布置任务和进行奖励来提高玩家的参与度和学习效果。初级关卡的设计主题是熟悉基本操作与文化初探，主要项目包括支冰车子和支冰排。玩家需要完成简单的竞速任务，以掌握基础的滑行和转向技巧，每个关卡完成后，玩家会获得关于满族冰嬉文化的简单介绍，如历史背景和基础知识，并通过与非玩家角色的互动了解更多文化细节。中级关卡的设计主题是提升技能与深入文化探索，设置在复杂的地形中，包括丘陵和山地赛道，主要项目有闯爬犁和滑脚灵子。玩家需要在复杂地形中控制速度和方向，避开障碍物并利用地形优势完成高难度的竞速任务。每个任务完成后，玩家会解锁更难的关卡，并获得更深层次的文化知识，如满族冰嬉的技艺和传统习俗，通过完成任务和解谜进一步了解满族冰嬉的文化背景。高级关卡的设计主题是技能巅峰与文化传承，设置在险峻的山地赛道和古老遗迹中，主要项目包括骑单腿驴子、滑靰鞡滑子和打冰尜。玩家需要在极端条件下完成一系列高难度任务，如面对冰裂缝和暴风雪，需要高超的竞速技巧和策略。每个关卡不仅包含高难度的竞速挑战，还暗含着关于满族冰嬉文化的终极秘密，通过解锁游戏中的线索，玩家可以逐步揭示文化真相。

交互设计方面，简化的操作界面和交互装置降低了文化接触的门槛，使得更多玩家能够轻松地了解和体验满族冰嬉文化。通过简洁的操作，玩家可以专注于游戏的核心内容和体验，从而增强对文化符号的理解和认同。基于满族冰嬉文化符号共同意义建构模型，游戏中的每一个动作和操作都可以成为文化符号，通过玩家的互动，文化意义得以传递。因此，《幻游凌嬉》的设计团队通过改造传统手柄，开发了适用于满族冰嬉游戏的交互装置，极大地简化了操作难度。玩家仅需交替推拉两个操纵杆就可完成左转、右转、前进、后退等动作，这一设计通过降低技术门槛，减少了学习成本，让玩家可以更快地投入游戏中。这种设计不仅增加了游戏的沉浸感和真实感，还提高了操作的精准度和灵活性。当玩家撞击到障碍物无法移动时，可点击按键进行复活，继续比赛。除此之外，游戏还设计了触控屏和手势操作功能，增强了操作的多样性和可玩性。玩家可以通过触控屏上的虚拟按钮快速使用道具和释放技能，手势操作则用于执行高难度的技巧动作，如旋转和跳跃，这进一步丰富了玩家的操作体验。通过这种综合的交互设计，玩家能够更好地掌握角色的动作，实现对赛道和比赛的全面控制，最终完成全部赛道的体验。

规则设计上，游戏从开始、进行到结束的每个环节都设定了清晰的流程。玩家选择角色并进入新手教程，学习基本操作和掌握竞速技巧，接受第一封神秘邀请函，开始初级关卡的挑战。游戏过程中，玩家按照关卡设计，完成各项竞速项目和任务，获取积分和奖励，随着积分的积累和任务的完成，解锁新的赛道和更高难度的项目。游戏提供结局动画，总结玩家的冒险历程和文化传承成果，并开启自由探索模式，让玩家可以重温已完成的项目或玩一些隐藏的游戏关卡，继续学习和体验满族冰嬉文化的知识及内涵。

三、美学设计

《幻游凌嬉》的美学设计注重用户体验和文化传承，通过细致的视觉风格、环境建构、角色造型、界面设计和听觉设计，创造了一个充满地域和满族文化特色的奇幻冰雪世界。以下是对《幻游凌嬉》美学设计的具体剖析。

（一）视觉风格

《幻游凌嬉》的视觉风格采用介于真实和虚幻之间的设计，以蓝白色调为主，旨在营造出冰雪世界的寒冷与纯净。开篇动画出现在覆盖着厚厚积雪的森林和山峦之中，不仅展示了冬季的壮观美景，也营造出一种寒冷而清新的氛围。天空中轻盈的云彩和飘落的雪花增添了一份静谧和纯净感，使得玩家仿佛置身于一个未被破坏的冬季仙境。

游戏主题文字的设计图（见图 5-2）以冰蓝色为主调，体现了与满族冰嬉相关的冷感与纯净感，同时与游戏的冰雪主题紧密相连。另外，文字采用了锐利、动感的风格，旨在凸显现代感，其尖锐的角度和几何切割表达了对技术精确控制的要求，这与满族冰嬉活动的技巧精准性相呼应。字体中的重叠和层次效果则象征历史与现代的融合，增加了视觉的深度和复杂性。

图 5-2　游戏主题文字的设计

（二）场景建构

游戏场景设计（见图 5-3）以新宾满族自治县的自然地貌为基础，包括山地、丘陵和平原。场景设计包括古老的村落、冰雪覆盖的森林、辽阔的冰面和传统的满族建筑。在这些场景中，玩家可以探索不同的区域，感受每处环境独特的文化氛围。苏子河贯穿整个游戏地图，成为连接各个场景的重要元素，同时也为玩家提供了各种竞速赛道和挑战。地图设计灵感源自清代"盘旋曲折""蜿蜒如龙"的满族冰嬉表演队形，结合新宾冰雪自然景观和充满满族风格的云纹样式，进一步强化了文化氛围。此外，在游戏场景的细节设计中还融合了满族的传统符号和图案，如源于清代《冰嬉图》的"转龙射球"场景，在游戏中起到规范路线和作为关键节点的作用；还有通过满族八旗服饰、旗帜、图案等塑造玩家的身份。这些元素不仅真实还原了满族冰嬉活动场地，还使整个游戏画面充满了现代感与民族特色。

图 5-3　游戏场景设计图

(三)角色造型

《幻游凌嬉》在角色造型设计上,充分体现了满族冰嬉的特色和历史渊源。每一个角色的外观和服饰设计都经过精心考究,可以确保与真实的历史背景相符,从而使玩家在游戏中感受到浓厚的满族文化氛围。游戏中的角色造型都基于明确的历史依据。男性角色的设计原型是八旗军和满族勇士,他们的服饰包括传统的甲胄和战袍,头饰和武器也参考了历史资料,体现了满族战士的英勇和威武。女性角色的设计则以吉服和旗服为原型，吉服是满族妇女的日常服饰，旗服则是正式场合穿着的华美服饰，这些服饰设计不仅展示了满族女性的优雅和端庄，也突出了满族服装的独特工艺。

游戏共设有四种不同的角色造型（见图5-4），每个角色都有独特的满族服饰和装饰，反映出满族传统的服装风格和工艺。例如，一个角色可能穿着华丽的旗袍，佩戴精美的头饰和耳环，而另一个角色则可能身着朴素的吉服，表现出不同的社会角色和身份。此外，在游戏中，角色不仅仅是视觉的呈现，还蕴含着详细的文化科普知识。例如，玩家在选择角色时，会看到关于该角色服饰的历史背景和文化意义的介绍。通过这些信息，玩家可以了解每种服饰的起源、发展和在满族文化中的重要性。这种设计不仅体现了角色的个性，还教育了玩家，使他们在游戏过程中不断加深对满族文化的理解和认同。另外，每个角色的设计还强调细节，通过高质量的3D建模和贴图技术，服饰的材质、纹理和装饰细节得以栩栩如生。角色的动作和表情也经过精心设计，其在游戏中不仅具有视觉上的吸引力，还能通过互动表现出丰富的情感和个性。

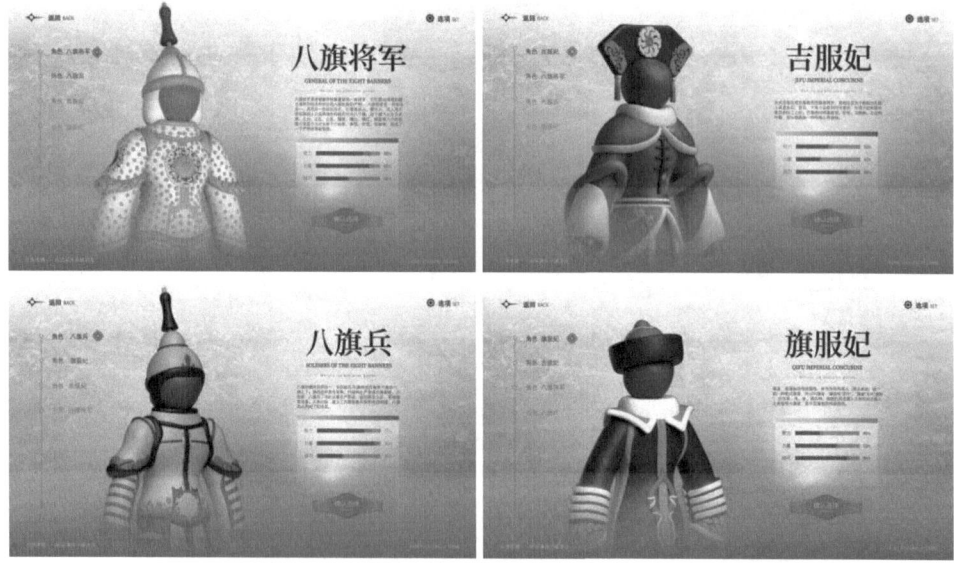

图 5-4　游戏角色造型

（四）界面设计

《幻游凌嬉》的界面设计遵循简洁直观的原则，旨在使玩家能够轻松操作并获取信息。界面模块包括游戏开机界面（见图5-5）、游戏主界面（见图5-6）、游戏道具选择界面（见图 5-7）、游戏角色选择界面（见图 5-8）和游戏地图信息界面（见图 5-9）。每个界面都按简洁的图标、按钮和导航设计，确保操作便捷。游戏主界面展示玩家的游戏数据，如等级熟练度、游戏名称和个性头像等，提供角色选择界面、道具选择界面和地图信息界面。角色选择界面和道具选择界面通过图文结合的方式展示角色和道具的详细信息，使玩家能够快速了解角色和道具并做出选择。地图信息界面帮助玩家了解地域文化信息和游戏场景，提升游戏体验的沉浸感。

图 5-5　游戏开机界面

图 5-6　游戏主界面

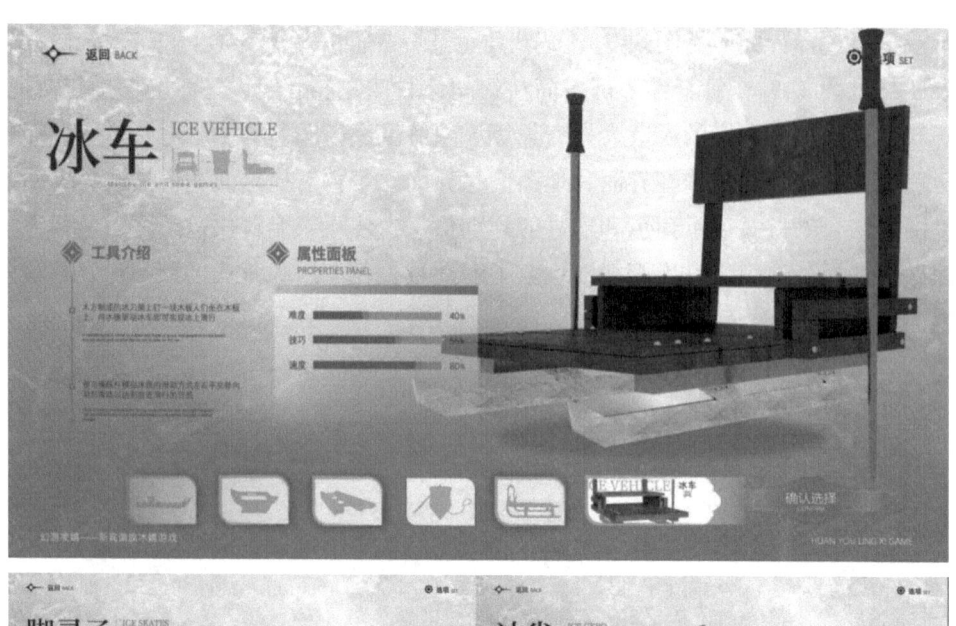
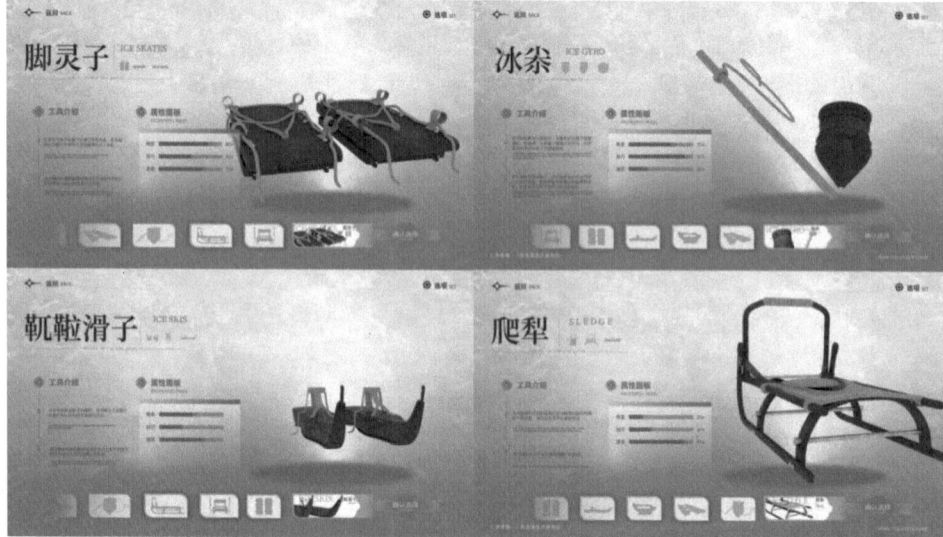
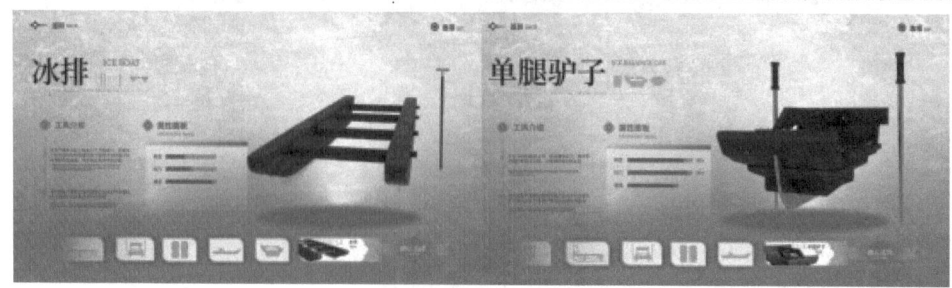

图 5-7　游戏道具选择界面

图 5-8　游戏角色选择界面

图 5-9　游戏地图信息界面

（五）听觉设计

《幻游凌嬉》的听觉设计同样注重文化传承和游戏氛围的营造。背景音乐采用满族传统音乐元素与现代配乐相结合的方式，创造出富有民族特色的听觉体验。每个场景和关卡都有特定的背景音乐，可以增强玩家的沉浸感和代入感。音效设计也细致入微，包括游戏道具在冰上滑行的声音、物体与物体之间的碰撞声、环境音效等，可以营造出逼真的游戏氛围。

四、技术设计

《幻游凌嬉》的技术设计以单机游戏为主，围绕平台选择、技术选择和功能开发三个方面展开，力求在满足游戏需求的同时，提供最佳的用户体验。

在平台选择方面，《幻游凌嬉》将机计算作为主要开发平台。在技术选择上，游戏采用了 Unity 游戏引擎（版本 2021.3.26）和 Cinema 4D（C4D）建模软件，这两者的结合旨在充分利用各自的强项来提升玩家的游戏体验。Unity 游戏引擎因其灵活性、强大的图形渲染能力及优异的跨平台支持而被选用，特别适合处理游戏中的冰雪环境的光影效果和物理特性，从而使游戏场景更具真实感和沉浸感。C4D 则用于创建游戏中的复杂角色模型、环境和道具，它提供的高级建模和动画工具确保了游戏中的视觉效果和动态表现的高质量。

功能开发是技术设计中的核心部分。开发团队利用 Unity 游戏引擎的强大功能，可以实现精确的角色控制和动作捕捉，使玩家能通过类似游戏控制器的物理操作装置（见图5-10）来模拟在冰面上的滑行和转向动作，以此增强游戏的操作真实性和反应灵敏性。该物理操作装置的具体说明如表5-1所示。同时，为了确保满族冰嬉活动具有真实感和物理反馈机制。开发团队基于 Unity 的物理引擎模拟了冰雪世界的物理特性，如冰面滑行和雪地阻力，并依据不同的冰上运动项目进行细致的物理参数调整。此外，物理操作装置设计还考虑到了未来可能的多人在线游戏扩展，预留了网络通信模块的接口。这意味着未来这些物理操作装置可以被用于在线竞技，允许玩家通过这些高度互动的设备在虚拟空间中与其他玩家进行实时竞争。

综上所述，《幻游凌嬉》中的每一个操作和道具都经过精心设计，成为文化符号的数字化呈现。这些符号不仅在游戏中具有实际操作的意义，还通过互动过程传递了满族冰嬉的历史文化价值。符号互动理论强调，玩家在体验这些趣味元素时，不仅仅是在玩游戏，更是在与满族冰嬉的文化符号进行深度互动和交流，通过这种互动和交流，玩家可以对满族冰嬉产生更加深刻的理解和兴趣。

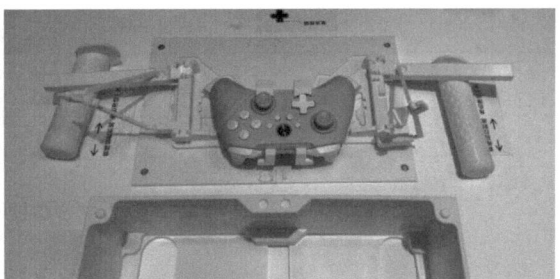
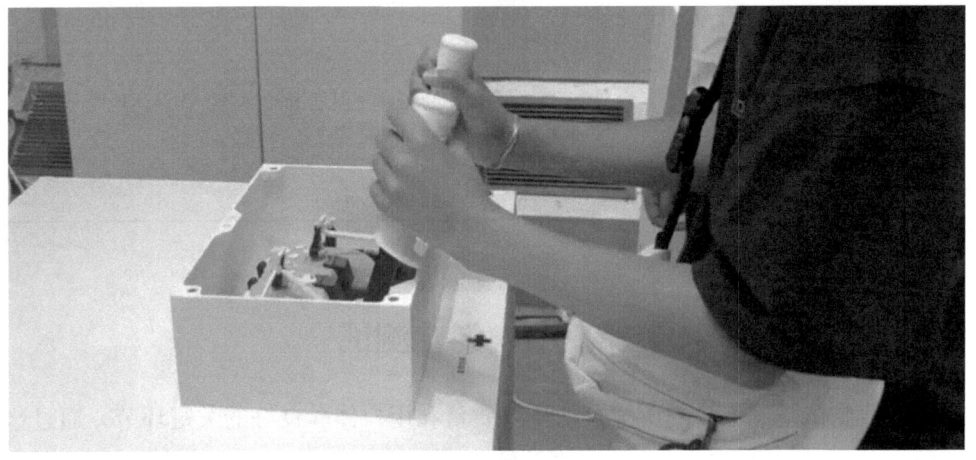

图 5-10　游戏物理操作装置原型

表 5-1　游戏物理操作装置说明

操作图示	游戏控制	操作说明
	滑行	摇杆向后拉开启滑行
	速度	以更快的速度向后拉至更远的距离，可以获得更快的速度
	角度	操作单个摇杆进行转向，增加摇杆的角度获得更大的转向角度

续表

操作图示	游戏控制	操作说明
	方向	两边摇杆的控制可以改变角色的前进方向
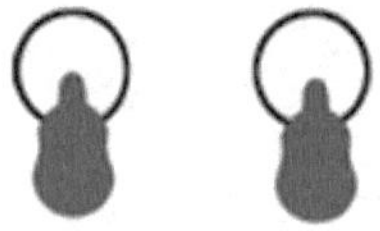	频率	以快速的频率短促地滑动摇杆，在保证速度平稳的情况下增加了可控性

第三节　游戏测试

　　游戏测试是确保《幻游凌嬉》游戏质量和用户体验良好的关键环节，通过这一阶段的测试，开发团队能够识别并解决游戏中的问题，优化游戏机制和功能，确保最终游戏的可玩性和文化传播效果。《幻游凌嬉》的游戏测试采用了两种测试方法：一是使用雅各布·尼尔森启发式评估法对游戏进行可用性测试（见表5-2），二是基于前后对比测试法（见表5-3）评估游戏的功能效果。

表5-2　基于尼尔森启发式评估法的游戏可用性测试内容

测试原则	测试标准	测试点
系统状态的可见性	评估游戏在任何时候是否向玩家提供了清晰的状态反馈	评估游戏界面是否清晰显示玩家的当前进度、剩余时间、得分等信息；评估玩家在不同阶段能否迅速获取状态信息
系统与现实世界的匹配	检查游戏中的元素是否与玩家的现实经验相匹配	评估游戏中的语言、图标和操作是否与现实中的满族冰嬉文化相匹配；检查游戏是否使用了玩家熟悉的术语和概念
用户控制和自由	评估玩家在游戏中的控制权和自由度	评估玩家能否自由控制游戏进程，并在需要时轻松撤销或重新操作；检查是否有明确的暂停、保存和退出选项

续表

测试原则	测试标准	测试点
一致性和标准化	检查游戏中的元素和操作是否一致、是否遵循了常见的设计标准	检查游戏界面、图标和语言是否一致，操作逻辑和规则是否统一；评估不同部分是否遵循相同的设计规范
预防错误	评估游戏设计是否能够有效防止玩家犯错误	检查游戏是否在关键操作前提供确认提示，并在可能犯错的地方提供预防措施；评估系统是否能识别潜在错误并提供指导
识别而不是回忆	检查游戏中的信息展示是否清晰、是否尽量减轻玩家的记忆负担	评估游戏界面是否直观、是否提供足够的视觉提示和上下文信息；检查是否减轻了玩家的记忆负担
使用的灵活性和效率	评估游戏是否提供多种操作方式、是否能够满足不同类型玩家的需求	检查游戏是否提供快捷键和高效操作方式，满足不同类型玩家的需求；评估玩家是否能通过灵活操作提高效率
美学和极简主义设计	检查游戏界面的设计是否简洁美观、是否避免了不必要的信息和装饰	评估游戏界面和场景设计是否简洁美观，信息呈现是否清晰有序；检查是否避免了过多的视觉元素和复杂布局
帮助用户识别、诊断和从错误中恢复	评估游戏是否帮助玩家识别错误、理解错误原因并提供解决方案	检查游戏在出现错误时是否提供明确的错误提示和解释，评估提示信息是否易于理解；评估系统是否提供了详细的故障排除步骤和解决方案，帮助用户从错误中恢复；检查是否有简单易行的恢复方法。
帮助和文档	检查游戏是否提供了必要的帮助和文档支持	评估游戏是否提供详细的帮助文档和指南，评估文档内容是否易于理解和操作；检查内置的帮助功能是否易于访问和使用

表 5-3　基于前后对比法的游戏功能效果测试内容

测试内容	分类	说明
满族冰嬉文化	文化历史	玩家对满族冰嬉文化的了解程度
	文化兴趣	玩家对满族冰嬉文化的兴趣水平
	知识学习	玩家对满族冰嬉文化知识的学习效果
满族冰嬉技能	冰嬉工具	玩家对满族冰嬉所用工具的了解和掌握情况
	冰嬉技巧	玩家对满族冰嬉技术和技巧的掌握情况
	比赛规则	玩家对满族冰嬉比赛规则的理解和遵守情况

在可用性测试中，开发团队共招募5名具有不同背景的评估人员，包括用户体验设计师1人、交互设计师1人、界面设计师1人、普通玩家1人和文化研究者1人，并制订了详细的评估计划，确定了重点测试的界面和功能，包括游戏主界面、角色选择界面、游戏道具选择界面、地图信息界面和交互装置。评估依据尼尔森的10项启发式原则进行，包括系统状态的可见性，系统与现实世界的匹配，用户控制和自由，一致性和标准化，预防错误，识别而不是回忆，使用的灵活性和效率，美学和极简主义设计，帮助用户识别、诊断和从错误中恢复，帮助和文档。

实施测试时，首先，需要开发人员向评估人员介绍游戏的基本内容和玩法以及本次测试的原则和标准。其次，评估人员独立进行试玩，按照预设的任务操作游戏，如启动游戏、选择角色、完成初级竞速任务、使用道具和技能、探索游戏地图和完成中级竞速任务等。最后，开发人员在试玩过程中现场记录遇到的问题和疑惑，以确保测评结果的独立性和全面性。试玩结束后，开发人员汇总所有问题和疑惑并整合成问题列表，然后针对所涉及的问题展开集中讨论。

前后对比测试法主要用来评估《幻游凌嬉》的游戏功能效果。《幻游凌嬉》的测试通过社交媒体、游戏社区和在线问卷平台招募了50名年龄在18~35岁的年轻玩家。前测在游戏体验前进行，主要收集基线数据，了解玩家在体验游戏前的状态或水平；后测在游戏体验之后进行，主要收集新的数据，了解玩家在体验游戏后的状态或水平。

测试内容包括满族冰嬉文化和满族冰嬉技能两大方面，其中满族冰嬉文化包括文化历史、文化兴趣和知识学习；满族冰嬉技能包括冰嬉工具、冰嬉技巧和比赛规则。

在前测阶段，开发人员通过问卷调查方式了解玩家在满族冰嬉文化和满族冰嬉技能方面的认知掌握情况。接下来，玩家进行不少于30分钟的游戏体验（见图5-11）。开发人员在游戏过程中详细记录玩家的行为数据。在完成游戏体验后，开发人员再次从满族冰嬉文化和满族冰嬉技能两方面进行问卷调查，并采用配对样本T检验分析前后数据的差异，以评估《幻游凌嬉》对玩家在文化历史、文化兴趣、知识学习、冰嬉工具、冰嬉技巧和比赛规则等方面的提升效果。

第五章 满族冰嬉的游戏创新探索 081

图 5-11 游戏体验测试

第四节 分析反馈

通过应用尼尔森启发式评估法，设计团队识别并记录了两个主要可用性问题：一是一些玩家反馈操纵杆的灵敏度不够，导致操作不够流畅；二是部分界面的按钮设计不够清晰，玩家在操作时容易出错。针对这些问题，设计团队进行了详细的分析和优化。首先，团队通过 Unity 游戏引擎的检视面板选择操纵杆对象，在检视面板中找到脚本组件，将最初的灵敏度（值数 1.0）提高到值数 2.0，并将响应时间（值数 0.1）减少到值数 0.05。通过提高操作灵敏度数值使玩家的输入能更快速地反映在游戏中，同时减少响应时间，提高玩家操作的即时性。其次，设计团队修改了界面部分按钮的颜色透明度，将之前 10% 的对比度数值增加至 50%，并添加阴影效果，以此提高其可见性和可操作性。最后，设计团队还根据玩家的反馈，优化了游戏的音效设计，添加了摩擦、转弯、刹车、滑动等真实音效，加强其与背景音乐的融合度，增强游戏的体验感。经过一系列优化后，开发团队再次运行游戏进行测试，通过测试者反馈结果得知：操纵杆的响应变得更加迅速和精准；简化后的按钮设计不仅更加美观，而且在视觉上更为突出，测试者可以快速识别和操作，降低了误操作的发生率；音效设计的改进使测试者能够更加真实地感受到冰雪游戏的临场感。总的来说，游戏的整体体验得到了明显提升。

在《幻游凌嬉》游戏功能效果评估中，T 值用于衡量游戏体验前后各测试项目平均得分差异的显著性程度；P 值表示在假设游戏体验前后各测试项目没有显著差异的前提下，得到当前测试结果的概率。数据（见表 5-4）显示，测试者在游戏体验后，各项平均分均有明显提高，所有 P 值均小于 0.001，远低于 0.05 的显著性水平。这意味着游戏体验前后各测试项目的差异是显著的，游戏体验对各方面指标的提升具有显著效果。这验证了《幻游凌嬉》在文化传承和教育方面的有效性，为游戏设计和改进提供了可靠依据。

表 5-4　前后对比测评数据

测评内容	前测试平均分	后测试平均分	T 值	P 值
文化历史	55.3	80.5	8.4	＜0.001
文化兴趣	50.4	83.2	7.9	＜0.001
知识学习	45.7	78.6	8.1	＜0.001
冰嬉工具	40.2	85.4	8.5	＜0.001
冰嬉技巧	35.6	85.7	8.5	＜0.001
比赛规则	30.8	80.9	8.0	＜0.001

第五节　推广宣传

《幻游凌嬉》的推广宣传策略通过有效运用数字化传播模型，达到了系统化、多渠道、多层次的传播效果，扩大了游戏的影响力和文化传播的广度。推广短片的制作是《幻游凌嬉》推广宣传策略的核心部分之一。短片通过介绍满族冰嬉的历史背景和独特魅力，展示了游戏中的新宾满族冰嬉活动，如支冰车、闯爬犁和骑单腿驴子等，突显了游戏的互动性和趣味性。使用高质量的 3D 动画和特效，结合满族传统音乐和现代配乐，增强了短片的视觉冲击力和感染力。叙事手法采用故事叙述和实际游戏场景相结合的方式，引导观众逐步了解游戏内容。通过多平台发布,如抖音和微信公众号等,扩大了传播范围,提高了曝光率。同时,研发团队通过线上评论、社交媒体互动等方式持续收集反馈信息,促进游戏不断优化。线下推广活动则结合了满族冰嬉的现场展示,在高校、文化展览馆和旅游景点等地进行,通过游戏互动等方式跨越时间和空间限制,让更多的人直接接触和体验满族冰嬉文化,以此吸引更多冰嬉爱好者和游客关注满族冰嬉。游戏推广短片二维码见图5-12。

图5-12 游戏推广短片二维码

小结

符号互动理论认为,人们通过符号(如语言、行为、物体等)进行互动,从而形成自我和社会关系。基于这一理论,本章深入分析了游戏玩家的行为动机,确定了《幻游凌嬉》的目标群体。在《幻游凌嬉》中,玩家通过与游戏内符号(如角色、道具、情节、任务等)的互动,赋予这些符号特定的意义。通过与满族传统服饰、冰嬉活动和其背后的历史故事互动,逐步理解并认同这些文化元素的价值。个体的自我概念是在与他人互动中形成的。游戏中,玩家通过与其他玩家的互动,形成对自身在游戏中的角色和地位的认知。这对于年轻玩家尤为重要,他们通过游戏中的社交互动,寻求认同和归属感。玩家在游戏中扮演不同的角色,通过完成任务和挑战,体验不同的社会角色和责任。

同时,基于数字化传播理论模型,在结合专家、文献、实际文化实践的基础上,收集和整合了满族冰嬉的丰富背景和具体内容,为游戏的设计和推广奠定了坚实的基础。在具体实施过程中,遵循了明确的步骤和方法。首先,通过深入研究满族冰嬉的历史背景和现状,确定了游戏的核心目标和文化定位。其次,进行了广泛的用户调研,明确了目标用户及其特征,从而制定出符合用户需求和文化传播目标的玩法设定。再次,游戏开发团队将收集到的文化信息进行编码,转化为游戏的设计语言和具体元素，如故事设计、机制设计、美学设计和技术设计等。在游戏设计过程中，开发团队反复解码和解释文化内容，确保游戏表达的准确性和文化的真实性，并根据反馈不断改进和优化游戏内容。最后，通过多种数字平台发布游戏相关内容，确保游戏得到广泛传播和最大曝光率，同时接收玩家的反馈信息，包括评论、评分、社交媒体互动等。玩家通过游戏体验生成反馈信息，这些反馈信息被解码并传回平台和媒介组织，用于进一步优化游戏设计。玩家在游戏中通过互动和完成任务解码和解释文化信息，形成对满族冰嬉的理解和认同。

此外，本章还详细阐述了《幻游凌嬉》的美学设计和技术实现，强调了视觉风格、环境建构、角色造型、界面设计和听觉设计的多方面融合，力图为玩家创造一个沉浸式的文化体验环境。同时，通过严格的测试和评估，确保了游戏的可用性和功能效果。在推广宣传方面，通过多渠道、多层次的传播策略，将满族冰嬉融入现代数字技术来提高游戏的影响力和文化传播的广度。本章力图通过理论与实践的结合，全面展示满族冰嬉在《幻游凌嬉》游戏设计中的创新应用，旨在为满族冰嬉的现代化传承和创新提供有益的参考和启示。

参考文献

[1] 都业娟主编:《满族》,新疆美术摄影出版社2010年版。
[2] 崔乐泉编著:《图说中国古代体育》,世界图书出版西安有限公司2017年,第2版。
[3] 郭磊:《清代冰嬉考》,北京出版社2020年版。
[4] 王子初:《中国音乐考古学》,福建教育出版社2003年版。
[5] 朱立春:《北方民族民俗文化初探》,长春出版社2011年版。
[6] 刘万安编著:《满族游戏》,沈阳出版社2013年版。
[7] 初丹编著:《瑷珲旧闻》,黑龙江大学出版社2022年版。
[8] 王文宝:《中国民间游戏》,华龄出版社2010年版。
[9] 宋志英、杨清源、宋广民编著:《北方民族传统体育集锦》,中国戏剧出版社2003年版。
[10] 周京南:《天子的竞技》,故宫出版社2021年版。
[11] 《满族简史》编写组、《满族简史》修订本编写组编:《满族简史》,民族出版社2009年版。
[12] 任昉霏:《冰嬉溯源》,北京出版社2020年版。
[13] 沈括:《新校正梦溪笔谈》,胡道静校注,中华书局1957版。
[14] [美]尼葛洛庞帝:《数字化生存》,胡泳、范海燕译,海南出版社1997年版。
[15] [美]威尔伯·施拉姆、威廉·波特:《传播学概论》,何道宽译,中国人民大学出版社2010年版。
[16] 张宪荣、季华妹、张萱:《符号学1:文化符号学》,北京理工大学出版社2013年版。
[17] 庄晓东:《传播与文化教程》,云南大学出版社2021年版。
[18] 申士垚、傅美琳编著:《中国风俗大辞典》,中国和平出版社1991年版。
[19] 张有平编著:《民族传统体育项目学练技巧研究》,中国商务出版社2010年版。
[20] 王辉编著:《中国古代娱乐》,中国商业出版社2015年版。

［21］施立学、刘国伟:《东北年节》,吉林文史出版社 2014 年版。

［22］毛帅、张小李编著:《我去故宫看历史·第 2 册》,北方文艺出版社 2021 年版。

［23］杨双印主编:《河北艺术史·杂技卷》,河北美术出版社 2019 年版。

［24］南炳文、李小林、李晟文:《明清文化通史·清前期卷》,江苏人民出版社 2022 年版。

［25］徐畅编著:《冰雪游戏》,黑龙江少年儿童出版社 2017 年版。

［26］郝时远、任一飞主编:《中国少数民族现状与发展调查研究丛书·新宾县满族卷》,民族出版社 2008 年版。

［27］任海:《中国古代体育》,商务印书馆 1996 年版。

［28］吴士鉴等:《清宫词》,石继昌点校,北京出版社 2018 年版。

［29］路运占:《〈冰嬉图〉与满族冰雪体育文化》,《北京档案》2022 年第 8 期。

［30］王文敬、王若光:《清代冰嬉文化形态及其价值探究》,《体育研究与教育》2020 年第 3 期。

［31］赵月生、董艳艳:《东北少数民族冰嬉文化数字化保护与传承探究》,《参花（下）》2023 年第 12 期。

［32］张宝强、陈彦:《清代冰嬉文化及其时代价值》,《咸阳师范学院学报》2016 年第 1 期。

［33］姜娟、蒲玉宾、胡雁:《清代满族皇家冰嬉探析》,《搏击（武术科学）》2013 年第 8 期。

［34］李焦龙、司峥鸣:《跨文化传播视域下面向海外受众的沉浸式冰嬉游戏设计》,《包装工程》2023 年第 10 期。

［35］董艳艳、赵月生:《数字媒体艺术对东北冰雪文化塑造的研究》,《天南》2023 年第 5 期。

［36］徐旭、杨慧馨、王炫力等:《冰嬉运动的历史追溯、文化特征与发展理路》,《辽宁体育科技》2023 年第 2 期。

［37］林硕:《清代冰嬉运动从国俗走向民间》,《北京档案》2022 年第 5 期。

［38］肖婷婷:《〈满文老档〉中的冰嬉盛典》,《兰台世界》2021 年第 8 期。

［39］徐旭、于洪波、满国旺等:《冰嬉运动的历史转化与新时期的文化再生产》,《冰雪运动》2024 年第 2 期。

［40］赵玥、徐旭、杨慧馨:《"文化结构三层次说"视角下清代冰嬉的盛衰演变》,《冰雪体育创新研究》2022 年第 19 期。

［41］梁方奕:《浅析〈冰嬉图〉的艺术特点及价值启示》,《参花（下）》2022年第8期。

［42］张为邦、姚文瀚:《〈合画冰嬉图〉（局部）》,《寻根》2022年第1期。

［43］郑朝辉:《冰嬉清代宫廷的最爱》,《艺术品鉴》2021年第25期。

［44］任昳霏:《冰嬉国俗与乾隆朝的礼制改革》,《中央民族大学学报（哲学社会科学版）》2021年第6期。

［45］伍容萱、方非:《文化再造与国俗建构——以乾隆朝冰嬉为例》,《辽宁省博物馆馆刊》2020年。

［46］范小君:《冰嬉运动与清代社会研究》,《体育与科学》2021年第4期。

［47］牛冰丽、万海英、汪作朋:《我国传统冰嬉文化的发展历史与传承》,《冰雪运动》2020年第3期。

［48］秦炜棋、邓小飞:《乾隆皇帝与清代冰嬉运动发展探究》,《北京档案》2019年第10期。

［49］李南、侯广庆、张镜宇等:《古代冰雪运动述考——以清代冰嬉运动为例》,《哈尔滨体育学院学报》2018年第2期。

［50］王刚:《对满族传统体育项目冰嬉的述考》,《兰台世界》2014年第1期。

［51］刘佳男、孙柏枫:《满族冰雪运动的历史渊源与演进》,《中国学校体育（高等教育）》2016年第1期。

［52］胡祖荣:《清朝满族冰嬉运动兴起的原因和发展》,《兰台世界》2012年第36期。

［53］李翠:《新宾县满族民俗文化旅游的深度开发研究》,《黑龙江对外经贸》2008年第11期。

［54］周锦、王廷信:《数字经济下城市文化旅游融合发展模式和路径研究》,《江苏社会科学》2021年第5期。

［55］李向东、温树璠:《赫图阿拉城形态研究》,《辽海文物学刊》1996年第1期。

［56］朱忠鹤:《二百多年前乾隆皇帝将冰嬉定为礼制》,《辽宁日报》2023年4月23日第6版。

［57］阙政:《从〈冰嬉图〉看中国古代的冰雪运动》,《新民周刊》2024年第2期。

［58］辽宁省发展和改革委员会、辽宁省文化和旅游厅、辽宁省体育局:《关于印发〈辽宁省冰雪经济高质量发展实施方案〉的通知》（https://www.ln.gov.cn/web/zwgkx/lnsrmzfgb/2022n/zk/zk23/bmwj/0885486708C04AB6A347F40CE5DDED64/）。

[59] 朱红:《故宫〈冰嬉图〉,穿越时空的历史画卷》(https://wenyi.gmw.cn/2022-02/08/content_35501002.htm)。

[60] 蒋芷晴:《冰嬉文化知多少! 越冷越适宜滑冰? 古人有何冰上运动? 》(https://mp.weixin.qq.com/s?__biz=MzIwMDQ1NTU3MQ==&mid=2652136035&idx=1&sn=f9b8f731e079ae848da8df616c819b5e&chksm=8c63bda3e3f3da31ed1752b72dee4dc2129d192b56950e46295e35eedccb0b14864a2a70eba6&scene=0&xtrack=1#rd)。

[61] 于旭涛:《中国古代冰雪运动》(https://history.sohu.com/a/527244729_121124384)。

[62] 任昳霏:《被乾隆钦定为"国俗"的冰嬉,为何是清王朝面对西方文化冲击的"回应"? 》(http://www.chinaqw.com/yw/2022/02-11/321916.shtml)。

[63] 段天然:《百年冰嬉"活起来"》(https://m.gmw.cn/baijia/2021-11/21/35326008.html)。

[64] 张太凌:《业余冰嬉队驰骋北海:冰刀划出的古代冰上运动》(https://www.bjnews.com.cn/detail/154928967714732.html)。

[65] 钱俊:《乾隆曾在全国推广"冰嬉",那是中国花样滑冰"黄金时代"》(https://www.thepaper.cn/newsDetail_forward_1314852)。

[66] 刘晓春:《辽宁新宾满族自治县文化产业发展现状调查》(http://iea.cssn.cn/cxgc/201901/t20190114_4810522.shtml)。

[67] Clifford Geertz, *The Interpretation of Cultures*, Basic Books. 1977.

[68] Donald A.Norman, *The Design of Everyday Things*, Basic Books. 2002.

[69] Magdalena Mirkowicz, Grzegorz Grodner, "Jakob Nielsen's Heuristics in Selected Elements of Interface Design of Selected Blogs", *Social Communication*, Vol.2, 2018.

[70] Paula Andrea Escandón, G. Mauricio Mejía, "Decision-making Using Heuristic Evaluation in Design for Behaviour Change", *Journal of Design Research*, Vol.3, 2022.

[71] Azarian Reza, "Social Construction of Places as Meaningful Objects: A Symbolic Interactionist Approach", *International Review of Sociology*, Vol.3, 2023.

后 记

《满族冰嬉的发展与数字化创新》一书，不仅是对满族冰嬉这一蕴含深厚历史底蕴与民族文化特色的传统体育活动的全面梳理与深刻剖析，更是对文化保护策略与现代数字科技深度融合的一次学术性、前瞻性的深度探讨。满族冰嬉作为北方冰雪文化中的璀璨明珠，其发展历程不仅是社会生产生活实践向全民娱乐转变的生动写照，更是满族人民生活智慧、审美情趣的集中展现。面对经济全球化与现代化进程中传统文化面临的传承困境，本书从数字化创新的视角出发，探讨了满族冰嬉的发展与数字化创新，旨在探索出一条科学有效的文化发展新路径。通过构建基于数字传播理论与符号互动理论的分析框架，系统剖析了数字技术如何重塑并增强满族冰嬉的传播力与影响力。数字开发团队通过紧密合作，不仅实现了冰嬉活动的精准数字化复刻，更使观众能够跨越时空界限，身临其境地感受这一古老文化的魅力，有效激发了公众的文化认同感与参与热情。此外，本书还对满族冰嬉的传承与保护进行了深入的思考与反思，不仅为满族冰嬉的传承策略提供了理论依据与实践指导，也为其他传统文化在数字时代的保护与传承开辟了新思路、新视野。

在此，笔者向所有参与本书研究、撰写、提供技术支持与文化咨询的专家学者、研究人员、文化工作者及技术开发人员致以崇高的敬意与感谢。正是有了他们的智慧贡献与不懈努力，才使得这项集学术价值与社会意义于一体的研究项目得以圆满完成。期望《满族冰嬉的发展与数字化创新》能够成为推动传统文化创新性保护与传承的重要力量，同时激励更多学者投身于文化与科技融合的广阔天地，共同为中华民族的文化繁荣贡献力量。展望未来，笔者将持续探索文化与科技融合的无限可能，为守护与传承人类文明的多样性而不懈努力。